Gerhard Kaufmann

Wie sag ich's auf deutsch?

Übungen zu ausgewählten Kapiteln
aus Grammatik und Wortschatz für Fortgeschrittene

Max Hueber Verlag

Diese Sammlung von Übungen und Beispielen zu Grammatik und Wortschatz will kein systematisches Repetitorium sein; es wurden vielmehr nur solche Kapitel ausgewählt, die erfahrungsgemäß auch fortgeschrittenen Deutschlernenden noch Schwierigkeiten bereiten.

Die meisten der fünfzehn Abschnitte werden durch knappe Einführungen und Übersichten eingeleitet, in denen nicht nur der Formenbestand eines sprachlichen Teilbereichs ins Gedächtnis gerufen, sondern darüber hinaus das funktionale Zusammenspiel dieser Ausdrucksmittel einsichtig gemacht wird. Dabei haben wir uns so oft wie möglich graphischer Symbole bedient, deren Bedeutung vom Lernenden leicht erfaßt werden kann.

In den Abschnitten VIII., X., XI., XIV. und XV. haben wir auf Übungen verzichtet; das Erfassen der durch die Beispiele aufgezeigten strukturellen Zusammenhänge kommt hier bereits einer produktiven sprachlichen Leistung gleich. Es bleibt dem Lehrer überlassen, auch diesen Abschnitten geeignete Kontrollübungen anzuschließen.

Gerhard Kaufmann

5. 4. | Die letzten Ziffern
1993 92 91 | bezeichnen Zahl und Jahr des Druckes.
Alle Drucke dieser Auflage können, da unverändert,
nebeneinander benutzt werden.
7. Auflage 1985

Umschlaggestaltung: A. C. Loipersberger
Gesamtherstellung: Friedrich Pustet, Regensburg
Printed in the Federal Republic of Germany
ISBN 3-19-001097-8

Inhaltsverzeichnis

I. Lokaler Gebrauch der Präpositionen

1. Raum

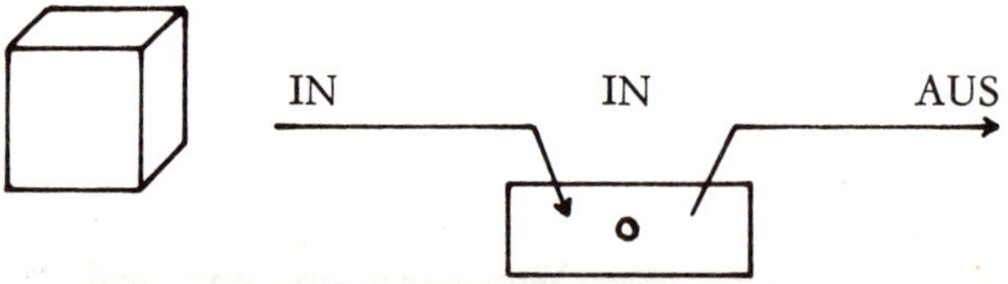

Legen Sie das Heft *in* diese Schublade!

Was liegt *in* dieser Schublade?

Wer hat das Heft *aus* der Schublade genommen?

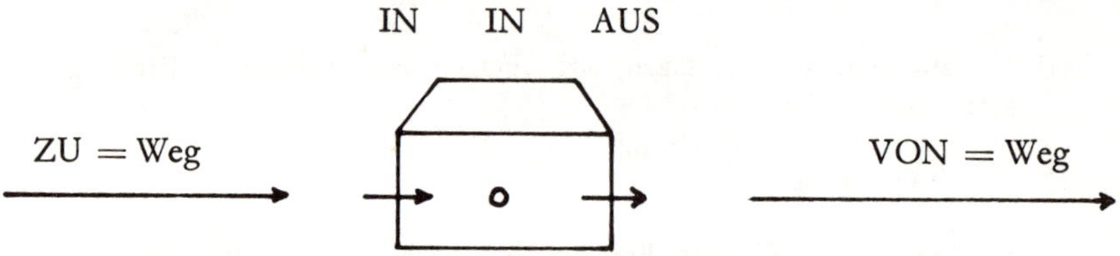

Ich traf ihn auf dem Weg *zum* Theater.	Wir gingen *ins* Theater.	*In* diesem Theater sind Sitzplätze für 500 Personen.	Eine riesige Menschenmenge strömte *aus* dem Theater.	Die Straßenbahn fährt *vom* Theater bis zum Ostbahnhof.

2. Eigene Wohnung

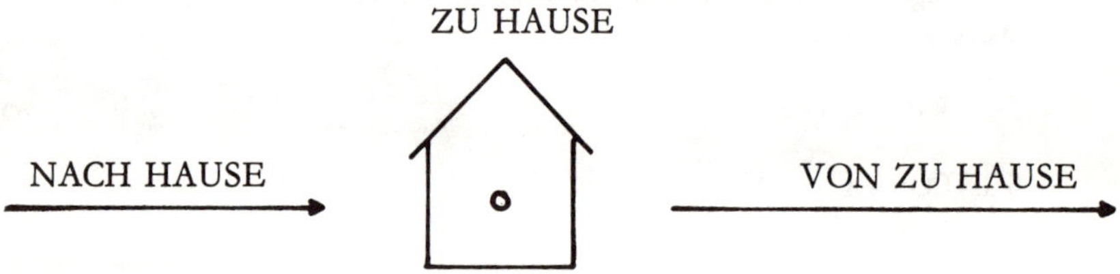

Ich muß sofort *nach Hause* fahren.

Ist Herr Müller *zu Hause*?

Ich komme direkt *von zu Hause*.

3. Geographischer Raum (allseitig begrenzte Fläche)

IN

AUS = Ausgangspunkt, Herkunft, Ursprung

NACH
(vor Artikel: IN) = Weg →

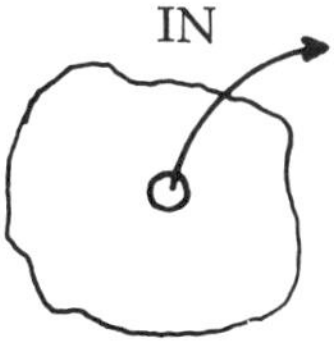

VON = Weg →

Fährt dieser Zug *nach* München?	Der Zug kommt um 13 Uhr *in* München an.	Der Zug hat *in* München nur 10 Minuten Aufenthalt.	Der Zug fährt um 13 Uhr *in* (*von*) München ab.	Kommt dieser Zug *von* München?

Wann sind Sie *nach* Deutschland gekommen?	Er lebt *in* Deutschland.	Robert kommt *aus* Irland.
Wann sind Sie *in* die Schweiz eingereist?	Er lebt *in* der Schweiz.	Hans ist *aus* der Schweiz zurückgekehrt.
		Von Frankreich her nähert sich ein Tiefdruckgebiet, das das Wetter in Mitteleuropa bestimmen wird.
		Meine Frau stammt *aus* München.

4. Person

BEI

ZU →	BEI	VON →
Ich muß heute nachmittag *zum* Zahnarzt gehen.	Ich habe *beim* Zahnarzt 3 Stunden warten müssen.	Ich komme gerade *vom* Zahnarzt.

5. Fläche – Strecke

AUF →	AUF	VON →
Wann kommt denn das Essen endlich *auf* den Tisch?	Um 3 Uhr stand das Essen noch nicht *auf* dem Tisch.	Bitte, nehmen Sie die Blumenvase *vom* Tisch.

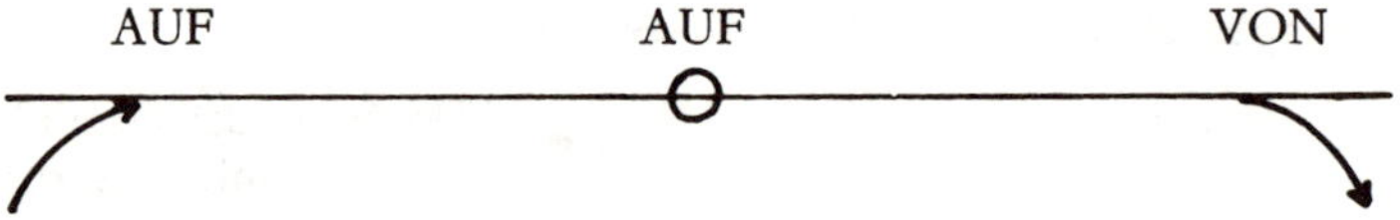

Hier kommen wir *auf* diese Linie. | Jetzt sind wir *auf* dieser Linie. | Warum weichen Sie *von* dieser Linie ab?

6. Grenze

Raum (links, rechts, oben)

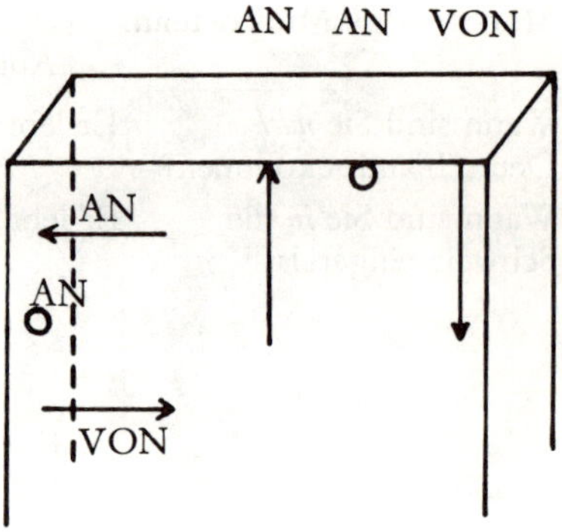

Ich hänge das Bild *an* die Wand.
Das Bild hängt *an* der Wand.
Das Bild ist *von* der Wand gefallen.

Fläche

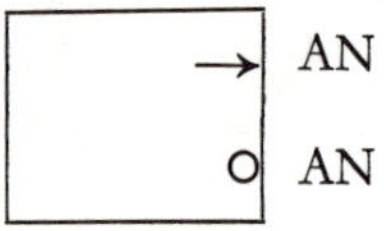

Ich habe mir einige Bemerkungen *an* den Rand geschrieben.
Die Paragraphen stehen *am* Rand.

Strecke

am Start | auf der Rennstrecke | am Ziel

Übungen

a)

1. Mein Freund wohnt .... Gartenstraße.
2. Sie prügelten sich mitten .... Straße.
3. Als ihnen das Benzin ausging, ließen sie den Wagen .... Straßenrand stehen.
4. Der Wagen geriet ins Schleudern und fuhr .... Straßengraben.
5. Wohin fahren Sie in Ihrem Urlaub, ... Land, ... See oder .... Gebirge?

6. Die meisten Deutschen verbringen ihren Urlaub .... west- oder südeuropäischen Ländern.
7. Das Schiff wurde .... hoher See von einem Orkan überrascht.
8. Darf man .... See baden?
9. .... Berg steht ein Aussichtsturm.
10. Die Stadt liegt .... Fuß der Alpen.
11. Ich lege mich ein paar Minuten .... Sofa.
12. Sie sind ja fürchterlich erkältet; Sie müssen sofort .... Bett.
13. Ich kann .... Stuhl nicht länger sitzen.
14. .... Sessel sitzt man sehr bequem.
15. Herr Meier sitzt den ganzen Tag .... Schreibtisch.
16. Als wir kamen, stand das Essen schon .... Tisch.
17. .... Ecke meines Wohnzimmers steht eine Stehlampe.
18. .... Ecke unseres Hauses ist eine Straßenlaterne angebracht worden.
19. Er ist .... Parteilinie abgewichen.
20. Inzwischen ist er wieder .... offizielle Linie eingeschwenkt.
21. Der Lehrer schreibt zu jeder Präposition ein Beispiel .... Tafel.
22. Die Schüler schreiben die Beispiele .... Tafel ab.
23. Vergessen Sie nicht, Ihren Namen .... Heft zu schreiben.
24. .... Buch sind viele Abbildungen.
25. Lesen Sie die Sätze .... Seite 27!
26. .... welchem Wörterbuch haben Sie denn dieses Wort gefunden?

b)

27. Soll ich dir noch eine Geschichte .... Buch vorlesen?
28. Diesen Satz habe ich .... Goethe gefunden.
29. Das ist ein Zitat .... „Die Leiden des jungen Werther".
30. Wenn Sie .... Chile (.... Vereinigten Staaten) einreisen wollen, brauchen Sie ein Einreisevisum.
31. Suppe ißt man .... einem tiefen Teller, Fleisch, Kartoffeln und Gemüse .... einem flachen Teller.
32. Der Zollbeamte tut Dienst .... deutsch-französischen Grenze.
33. Hier sind wir noch .... Deutschland, bis .... Grenze sind es noch etwa 12 km.
34. .... Park kann man herrliche Spaziergänge machen.
35. Ich erwarte Sie um 8 Uhr .... Parkeingang.
36. .... Straßenbahnhaltestelle (.... Verkehrsinsel) warteten mindestens 40 Personen.
37. Frankfurt liegt .... Main.
38. Der Schiffsverkehr .... Main ist nicht so bedeutend wie der .... Rhein.
39. Leben .... Wald wilde Tiere?

40. Kommst du mit .... Wald? Ich gehe Pilze suchen.
41. Das Dorf liegt unmittelbar .... Waldrand.
42. Endlich kamen wir .... Lichtung.
43. Schwarze Gewitterwolken standen .... Himmel.
44. Das Flugzeug stürzte .... Höhe von 2000 m ab und zerschellte .... Boden.
45. .... Hamburger Hafen legen jeden Tag Hunderte von Schiffen an.
46. Das Schiff hat .... Außenmole festgemacht.
47. Wir entfernten uns immer weiter .... Küste.
48. .... Hafeneinfahrt steht ein Leuchtturm.
49. Die Lokomotive befindet sich .... Spitze, der Speisewagen .... Mitte und der Gepäckwagen .... Ende des Zuges.
50. Wir wohnen in einem Haus .... Stadtrand, mein Büro liegt mitten .... Stadt.
51. Die Läufer versammelten sich .... Start.
52. Nach etwa 3 Minuten kamen sie erschöpft .... Ziel an.
53. Er klopfte mir aufmunternd .... Schulter.

c)

54. .... Rennstrecke (.... Streckenabschnitt) sind schon viele Unfälle passiert.
55. .... Brüsseler Teppich sind die Tugenden dargestellt.
56. Nur .... unteren Saum sind Fransen.
57. .... Tischtuch ist ein großer Weinfleck.
58. Wenn du noch mal .... Tischtuch ziehst, gibt's was!
59. Haben Sie .... Ihrem Garten auch Beerensträucher?
60. Herr Meier steht den ganzen Tag .... Gartenzaun und flirtet mit seiner Nachbarin.
61. Gehen Sie nicht zu nah .... Bahnsteigkante heran.
62. Wir standen fröstelnd .... Bahnsteig und warteten auf den Zug.
63. Das Wasserburger Rathaus steht .... der schönsten Plätze Deutschlands.
64. .... Marktplatz findet heute abend ein Konzert statt.
65. Was ist .... Glas?
66. Das Glas ist bis .... Rand gefüllt.
67. Ich komme gerade .... Hause.
68. .... Lehrer habe ich sehr viel gelernt.
69. .... Stadtviertel bin ich noch nie gewesen.
70. Wir stehen .... Rande des Abgrunds.
71. Seit wann wohnen Sie .... Müllers?
72. Ich bin .... Nagel hängengeblieben und habe mir ein Loch .... Jacke gerissen.
73. Er faßte mich .... Ärmel und bat mich, einen Moment mit .... sein Büro zu kommen.
74. Hunde .... Leine führen!

75. Er hatte eine Aktentasche .... Hand.
76. In diesem Augenblick wollte eine alte Frau mit einem Kind .... Hand die Straße überqueren.
77. In Deutschland fahren die Autos .... rechten Straßenseite.
78. Er bog .... Seitenstraße ein.
79. Plötzlich raste .... Seitenstraße ein Volkswagen heraus.
80. Jetzt fahren Sie immer geradeaus, erst nach 100 km biegen Sie .... Straße ab.
81. Haben Sie sich schon .... ihm entschuldigt?
82. .... wem haben Sie denn das Bier bestellt?
83. Hoffentlich kommen Sie bald mal wieder .... uns.
84. Schade, daß Sie nicht länger .... uns bleiben können.

II. Satzbau und Intonation am Beispiel einfacher Satztypen

1. Die Stellung von *Akkusativobjekt* und *Angabe* (temporal, kausal, modal, lokal) im Satztyp

Subjekt + Verb + Akkusativobjekt

SCHWACHTON STARKTON

Vorfeld	1. Prädikatsteil	Bezugsbereich [Bezug auf schon Bekanntes]	Informationsbereich [neue Information]	2. Prädikatsteil
Wir	haben	während unseres Aufenthalts in Teheran	einen Wandteppich	gekauft
Wir	haben	diesen (den) Wandteppich [ihn]	während unseres Aufenthalts in Teheran	gekauft.
Wir	haben	während unseres Aufenthalts in Teheran	diesen hübschen Wandteppich hier	gekauft.

Übung

a) Bringen Sie den Akkusativ in den Informationsbereich; verbinden Sie ihn (wenn möglich) mit dem *unbestimmten Artikel!*

1. Ich habe das Telegramm sofort aufgegeben.
2. Er macht diese Fehler leider immer noch.
3. Der Minister hat seine Reise nach Italien schon seit langem geplant.
4. Der Professor hält den Vortrag heute abend in der Volkshochschule.
5. Ich habe diese drei Bücher im letzten Kurs gelesen.
6. Unser Lehrer will uns diese Geschichte morgen noch einmal vorlesen.
7. Wir wollen dieses Zimmer im kommenden Jahr nicht vermieten.
8. Ich darf diesen starken Kaffee vor dem Schlafengehen nicht trinken.
9. Der Architekt hat den aufsehenerregenden Plan schon vor zwei Jahren entworfen.
10. Die Sekretärin muß diese drei wichtigen Briefe sofort nach ihrem Eintreffen im Büro tippen.
11. Wir haben diese interessanten Neuigkeiten in der gestrigen Sitzung erfahren.
12. Ich habe den Japaner neulich in einem Café getroffen.
13. Wir haben die näheren Einzelheiten erst gestern erfahren.
14. Er hat diese neuen Verpflichtungen trotz aller Warnungen übernommen.

2. Beachten Sie, daß präpositionale Wendungen mit Verben zu *festen Verbindungen* (inhaltlichen Einheiten) verschmelzen können.

jemanden auf die Probe stellen = jemandes Haltung erproben;
etwas zur Diskussion stellen = etwas diskutieren lassen;
jemanden vor die Tür setzen = jemanden hinauswerfen;
jemanden vor die Wahl stellen = jemanden zur Wahl zwingen;
etwas in Zweifel ziehen = etwas bezweifeln;
jemanden in Gefahr bringen = jemanden gefährden;
etwas in Betracht ziehen = etwas berücksichtigen;
etwas außer acht lassen = etwas nicht beachten;
etwas in Gang bringen = etwas anlaufen lassen;
jemanden zur Rede stellen = jemanden auf etwas hin ansprechen;
jemanden zur Verantwortung ziehen = veranlassen, daß sich jemand für etwas verantwortet;
etwas in Rechnung stellen = etwas einkalkulieren;
jemanden vor Gericht stellen = jemanden anklagen;
jemanden an die Wand stellen = jemanden erschießen;
etwas aufs Tapet bringen = etwas vorbringen.

SCHWACHTON STARKTON

Vorfeld	1. Prädikatsteil	Bezugsbereich	Informationsbereich	2. Prädikatsteil
Ich	wollte	ursprünglich	niemanden	auf die Probe stellen.
Ich	wollte	ihn (diesen Angestellten)	ursprünglich	(nicht) auf die Probe stellen.
Er	wollte	ursprünglich	nur diesen Angestellten	auf die Probe stellen.

Übung

b)

Bilden Sie Sätze! Nehmen Sie an, daß der Akkusativ mit *der* (*dieser*) in den Bezugsbereich gehört.

1. zur Diskussion stellen, er, einen sehr heiklen Punkt, gleich zu Beginn der Tagung/
   zur Diskussion stellen, er, diesen Punkt, gleich zu Beginn der Tagung
2. vor die Tür gesetzt haben, der Wirt, drei Betrunkene, gestern abend/
   vor die Tür gesetzt haben, der Wirt, den Betrunkenen, unverzüglich
3. vor die Wahl gestellt haben, sich mit einer Gehaltskürzung abzufinden oder zu gehen; er, mehrere Mitarbeiter (diesen ausgezeichneten Mitarbeiter), vor ein paar Tagen [zwei Sätze]
4. in Zweifel gezogen haben, ich, diese Aussagen, schon immer
5. in Gefahr gebracht haben, er, uns alle, durch seine Unvorsichtigkeit
6. in Betracht gezogen haben, ich, solche Möglichkeiten, nie
7. sollen, außer acht lassen, Sie, das, unter keinen Umständen
8. nicht können, in Gang bringen, der Diskussionsleiter, die Diskussion, trotz aller seiner Bemühungen
9. zur Rede stellen, der Abteilungsleiter, den Verdächtigen, sogleich
10. wollen, zur Verantwortung ziehen, die Regierung, alle Beteiligten, in einem Untersuchungsverfahren
11. in Rechnung gestellt haben, wir, solche Schwierigkeiten, von Anfang an
12. vor Gericht stellen, man, diesen Verbrecher, sofort nach Abschluß der Ermittlungen
13. an die Wand stellen, die Rebellen, alle Gefangenen, kurzerhand
14. aufs Tapet bringen, er, diese Frage, immer wieder
15. auf den Tisch bringen, Sie, das Essen, endlich, wann?

3. *Ziel-Ergänzungen* stehen in der Regel unmittelbar vor dem 2. Prädikatsteil.

Vorfeld	1. Prädikatsteil	Bezugsbereich	Informationsbereich	Zielergänzung	2. Prädikatsteil
Ich	habe	vorhin	einen Brief	zur Post	gebracht.
Ich	habe	den Brief	vorhin	zur Post	gebracht.
Ich	muß	sofort	diesen Einschreibebrief hier	zur Post	bringen.

Nur selten findet man Akkusative (mit unbestimmtem Artikel) *nach* der Zielergänzung:

Soll ich später eine Nachttischlampe auf Ihren Nachttisch stellen?
Soll ich später auf Ihren Nachttisch *eine Nachttischlampe* stellen?

Ich will heute einen Brief an meine Eltern schreiben.
Ich will heute an meine Eltern *einen Brief* schreiben.

Ich habe gestern eine Bank neben die Haustür gestellt.
Ich habe gestern neben die Haustür *eine Bank* gestellt.

Ich hänge dieser Tage noch ein Bild an diese Wand.
Ich hänge dieser Tage an diese Wand noch *ein Bild.*

Ich habe Ihnen vorhin einen Eilbrief auf Ihren Schreibtisch gelegt.
Ich habe vorhin auf Ihren Schreibtisch *einen Eilbrief* gelegt.

4. Die Stellung des *Subjekts* im *Passivsatz*

Das *Subjekt* des Passivsatzes steht, wenn es zum Bezugsbereich gehört, so weit wie möglich links, wenn es zum Informationsbereich gehört, so weit wie möglich rechts.

Der Dieb ist gestern in einem Münchner Café verhaftet worden.
Gestern ist in einem Münchner Café *ein Dieb* verhaftet worden.

Übung

c)

1. gezeigt worden sein, dieser spannende Kriminalfilm, im Ebersberger Kino, gestern/
   gezeigt worden sein, ein spannender Kriminalfilm, im Ebersberger Kino, gestern
2. sollen, verbreitert werden, die Straße zwischen Ebersberg und München, nächstes Jahr/
   sollen, gebaut werden, eine neue Straße, zwischen Ebersberg und München, nächstes Jahr

3. ausgestellt worden sein, dieses Visum, im Brasilianischen Konsulat, am 10. Februar/
ausgestellt worden sein, viele Einreisevisa, im Brasilianischen Konsulat, heute
4. sollen, an eine amerikanische Firma verkauft worden sein, diese Fabrikanlagen, vor kurzem/
sollen, an eine amerikanische Firma verkauft worden sein, ein großes Fabrikgelände östlich von München, vor kurzem
5. gemalt worden sein, dieses Bild, Ende des 18. Jahrhunderts/
gemalt worden sein, viele Bilder dieser Art, Ende des 18. Jahrhunderts
6. müssen, ausgearbeitet werden, der Produktionsplan für das nächste Jahr, sofort/
müssen, ausgearbeitet werden, ein Produktionsplan für die darauffolgenden Jahre, schon jetzt
7. hergestellt werden, diese Büromaschinen, in einer Fabrik in Norddeutschland, seit einiger Zeit/
hergestellt werden, auch Büromaschinen, in dieser Fabrik, seit einiger Zeit
8. gelesen werden, die „Süddeutsche Zeitung", von vielen Leuten in Süddeutschland/
geraucht werden, mehr Zigaretten als Zigarren, in allen Teilen Europas, gegenwärtig
9. können, geliefert werden; die Möbel, die Sie bestellt haben; leider erst nächste Woche/
können, nach Norddeutschland geliefert werden, keine Möbel, wegen eines Transportarbeiterstreiks, zur Zeit
10. ausgezahlt worden sein, der Betrag, meinem Vater, sofort/
ausgezahlt werden, eine größere Summe, meinem Vater, demnächst

III. Perfektbildung mit sein und haben

1. *Mit* haben *werden alle Verben konjugiert, die mit einem Akkusativobjekt verbunden sind oder verbunden werden können:*

1. Ich habe das Buch schon ausgelesen.
2. Ich habe gestern den ganzen Nachmittag* gelesen.
3. Ich habe meinen Freund nach Hause begleitet.
4. Haben Sie den Wagen schon in die Garage gefahren?
5. Der Kellner hat uns in den Speisesaal geführt.
6. Herr Meier hat mich vom Bahnhof abgeholt.

---

* Zeitergänzung

7. Er hat eine Flasche Wein aus dem Keller geholt.
8. Sie hat den Sessel ans Fenster geschoben.
9. Der Bauer hat sein Vieh auf die Weide getrieben.
10. Warum hat er die Maschine nicht bis zum nächsten Flugplatz geflogen?
11. Johann hat den Wagen vorgefahren; wir können einsteigen.

2. *Mit* haben *werden alle reflexiven Verben konjugiert:*

1. Im Laufe der Zeit haben wir uns immer weiter von unserem ursprünglichen Standpunkt entfernt.
2. Ich habe mich sehr über das Geschenk gefreut.
3. Ich verstehe immer noch nicht, warum er sich so fürchterlich aufgeregt hat.
4. Haben Sie sich auch so darüber geärgert?
5. Es hat sich herausgestellt, daß Herr Meier mit der Angelegenheit nicht das geringste zu tun hatte.
6. Da haben Sie sich zu früh gefreut.
7. Er hat sich gut erholt.
8. Ich habe mich auch gewundert, daß er die Angelegenheit mit keinem Wort erwähnte.
9. Da haben Sie sich aber schwer getäuscht.
10. Wenn Sie sich etwas beeilt hätten, hätten Sie ihn noch im Büro angetroffen.
11. Ich möchte nur wissen, wo ich mich erkältet habe.
12. An diesen Häusern sind wir vorhin nicht vorbeigekommen; wir haben uns sicher verlaufen.

3. *Verben der Fortbewegung:*

Im allgemeinen werden die Verben der Fortbewegung mit *sein* konjugiert. Man beachte folgende Besonderheiten:
Einige Verben der Fortbewegung kann man sowohl mit *haben* als auch mit *sein* konjugieren. Dabei bezeichnet *haben* den Verlauf, *sein* den Abschluß der Bewegung (vgl. „Der Große Duden", Band 4, 3. Auflage, Seite 83). Es besteht jedoch eine Tendenz zur Verallgemeinerung der Perfektbildung mit *sein.*

VERLAUF	ABSCHLUSS
———————————	o
Der Bootsvermieter rechnete uns vor: „Sie *haben* 3 Stunden *gerudert.* Die Stunde kostet 3 Mark, also bekomme ich 9 Mark."	Wir *sind* über den See (an das gegenüberliegende Ufer) *gerudert.*
Wir *haben* den ganzen Tag *geschwommen.*	Plötzlich *ist* er auf mich zu *geschwommen.*

Unterscheiden Sie zwischen *reflexiven* Verben und *reziproken* Verben der Fortbewegung (sich=Dativ)!
Er *hat sich* über das Geschenk *gefreut* (reflexiv).
Aber: Sie sind sich dort begegnet. – Sie sind sich um den Hals gefallen. – Wenn sie sich in diesem Punkt nicht entgegengekommen wären, wäre keine Einigung erzielt worden.

Nicht jede Akkusativ-Form hat die Funktion eines Akkusativobjekts.
Feste Verbindung aus Verb und Akkusativ: Er ist Auto gefahren. – Er ist radgefahren. – Er ist Schlittschuh gelaufen. – Er ist Schi gelaufen. – Er ist Schlitten gefahren. – Das Kind ist Roller gefahren. – Er ist ein großes Risiko eingegangen. – Wir sind Gefahr gelaufen, alles zu verlieren.
Streckenangabe: Er ist die Treppe hinaufgegangen. – Wir sind 20 km marschiert. – Wir sind den falschen Weg gegangen. – Wir sind nur ein kleines Stück zu Fuß gegangen.

Übungen

a) Wie heißt das Perfekt?

1. Er ging über die Straße. – Er überquerte die Straße.
2. Er trat in eine Linkspartei ein. – Er trat die Tür ein.
3. Er trat ein. – Er betrat das Zimmer.
4. Aus dem Zoo brach ein Löwe aus. – Er brach sich beim Fallen einen Zahn aus.
5. In der Dunkelheit trat er in eine Pfütze. – Der Diktator trat die Rechte des Volkes mit Füßen.
6. Er stolperte und schlug hin. – Er schlug einen Nagel in die Wand.
7. Die Lokomotive entgleiste und stürzte um. – Die Demonstranten stürzten das Denkmal um.
8. Der Wagen fuhr vor. – Der Chauffeur fuhr den Wagen vor.
9. Er ging auf meinen Vorschlag nicht ein. – Er beging einen großen Fehler.
10. Der Motor sprang nicht an. – Da sprang ihn ein Hund an.
11. Er zog mit seiner Familie nach München. – Er zog den Bauern von B4 auf B5. [beim Schachspiel]
12. Als die Miete erhöht wurde, zog er aus. – Er zog seine Jacke aus.
13. Er zog in das Haus seiner Schwester ein. – Der Hund zog den Schwanz ein und lief auf und davon.
14. Schwarze Gewitterwolken zogen über das Land. – Ein Pferd zog den Wagen bis zur nächsten Reparaturwerkstatt.
15. Er ruderte ans gegenüberliegende Ufer. – Er ruderte uns ans gegenüberliegende Ufer.
16. Ich fuhr über München. – Er überfuhr ein Kind.

b)

17. Die Produktion lief früher an als vorgesehen. – Das Schiff lief den Hafen von Valencia an.
18. Der Zug fuhr ruckend an. – Er fuhr mich an wie einen dummen Jungen.
19. Die Verhandlungen verliefen erfolgreich. – Die Menge verlief sich.
20. Die Truppen rückten bis an die Stadtgrenze vor. – Er rückte seinen Stuhl an unseren Tisch.
21. Wir flogen nach Dublin. – Der Pilot flog das Flugzeug sofort zum nächsten Flugplatz.
22. Die Truppen stießen auf heftigen Widerstand. – Er stieß seinem Gegner das Messer in die Brust.
23. Er rannte nach Hause. – Er rannte sich ein Loch in den Kopf.
24. Die Kerle rissen vor uns aus. – Er riß ein Blatt aus seinem Notizbuch.
25. Der Ball rollte ins Tor. – Der Wirt rollte ein neues Faß Bier in die Gaststube.
26. Wir kehrten sofort um. – Dann kehrte er den Spieß um.
27. Er trat über die Schwelle. Er trat zum Katholizismus über. – Der Beamte übertrat mehrere Vorschriften.
28. Die Herrschaften fuhren aus. – Der Pilot fuhr das Fahrgestell aus.
29. Der Zug fuhr in den Bahnhof ein. – Die Bauern fuhren die Ernte ein.
30. Das Regiment rückte in die Garnison ein. – Der Setzer rückt die Zeilen zu weit ein.
31. Der Zug fuhr um 13 Uhr ab. – Die Arbeiter fuhren den Schutt ab.

4. *Verben der Zustandsveränderung:*

Bezeichnet das Verb eine Veränderung, die einen Zustand einleitet oder abschließt, so wird es mit *sein* konjugiert.

Beginn (*Veränderung*)	*Zustand* oder *Wiederholung*	*Ende* (*Veränderung*)
Die Rosen *sind* vorige Woche aufgeblüht.	Sie *haben* nur kurze Zeit geblüht. Der Kaktus *hat* bis jetzt jedes Jahr geblüht.	Sie *sind* leider viel zu schnell verblüht.
Die Sonne *ist* heute um 5.52 Uhr aufgegangen.	Die Sonne *hat* heute 10 Stunden geschienen.	Sie *ist* heute etwas früher untergegangen als gestern.
Der Patient *ist* erst kurz vor Mitternacht eingeschlafen.	Dann *hat* er 3 Stunden fest geschlafen.	Gegen 3 Uhr morgens *ist* er schon wieder aufgewacht.

Das Kind *ist* erst vor einem Jahr geboren worden.	Sie *haben* in Not und Elend gelebt.	Gestern *ist* er nach langer Krankheit gestorben.
	Die Kerzen *haben* die ganze Nacht gebrannt.	Ein letztes Aufflackern, dann *sind* sie verloschen.
	Er *hat* schrecklich gefroren.	Er *ist* letzte Nacht erfroren.

Viele Verben der Zustandsveränderung sind von *Adjektiven* abgeleitet.

Veränderung	*Erreichter Zustand*	*Adjektiv*
Dieses Verfahren ist schnell ver*alt*et.	Das Verfahren ist bereits ver*alt*et.	Das ist ein *alt*es Verfahren.
Er ist innerhalb kurzer Zeit ver*blöd*et.	Er ist total ver*blöd*et.	Ist das ein *blöd*er Kerl!
Innerhalb weniger Tage sind die Blumen ver*welk*t.	Jetzt sind sie ver*welk*t.	Die Blumen sind *welk*.

Übung

c) Welche Veränderung ging voraus?

1. Herr Müller ist seit einigen Jahren *blind*. Nach einer Gehirnoperation ist er ..... .
2. Herr Meier ist seit 4 Wochen *krank*. Er ist vor 4 Wochen an einer schweren Lungenentzündung .... .
3. Die Bevölkerung dieser Gegend lebt in *Arm*ut. Seit der Abwanderung der Textilindustrie ist die Bevölkerung dieser Gegend mehr und mehr ..... .
4. Jetzt wagt keiner mehr ein Wort zu sagen. Als der Direktor hereinkam, sind alle .... (*stumm*).
5. Sie ist ganz *rot* im Gesicht. Bei diesen Worten .... sie.
6. Altes Papier hat oft einen *Gelb*ton. Das Papier ist im Laufe der Zeit ..... .
7. Er zeigt keinen Arbeitseifer mehr. Sein Arbeitseifer ist merklich .... (*lahm*).
8. Jetzt stehen diese Fragen im Mittelpunkt des Interesses. Keiner weiß, wie es dazu kam; plötzlich ist das Interesse an diesen Fragen .... (*wach*).
9. Ist er schon lange *wach*? Wann ist er denn ....?
10. Heute liegt das Land *öd* und leer. Seitdem die Araber das Land verlassen haben, ist das einst blühende Land allmählich ..... .
11. Die Tapete hat *blasse* Farben. Im Laufe der Jahre sind die einst leuchtenden Farben .... .
12. Plötzlich war er ganz *blaß* im Gesicht. Als er diesen Namen hörte, ... er.
13. Die Äpfel sind *faul*. In diesem Jahr hat es so oft geregnet, daß das Obst an den Bäumen .... ist.

14. So ein *dummer* Kerl! Früher war schon nicht viel mit ihm los, aber in den letzten Jahren scheint er vollends .... zu sein.
15. Diese Vorstellungen gehören der Vergangenheit an. Unsere Großväter hätten wohl nicht geglaubt, daß diese Ideen so schnell .... (*alt*) würden.
16. Die Balken sind schon ganz *morsch*. In dem tropischen Klima sind sie innerhalb weniger Jahre .... .
17. Der Fluß führt schon seit Monaten kein Wasser mehr. In diesem Jahr ist er schon im April .... (*trocken*).
18. Kein Tropfen Tinte mehr im Glas! Die Tinte ist schon wieder .... (*trocken*).
19. Das Laub ist schon ganz *trocken* (*dürr*). Wenn es nicht bald regnet, werden alle Pflanzen .... (....).
20. Die Dahlien sind schon ganz *welk*. Schade, daß sie so schnell .... sind.
21. Wir waren ganz *starr* vor Schreck. Als wir das sahen, ... wir vor Schreck.
22. Dieses Land verfügt wieder über eine *gesunde* Wirtschaft. Innerhalb weniger Jahre ist die Wirtschaft dieses Landes .... [oder: wieder .... (*stark*)].
23. Er liebt sie nicht mehr. Seine Liebe zu ihr ist schnell .... (*kalt*).

Viele Verben der Zustandsveränderung sind von *Substantiven* abgeleitet.

	Gleichbleibendes	*Veränderung*	*Endzustand*
der Hunger	Er *hat* sein ganzes Leben lang gehungert.	Er *ist* buchstäblich verhungert.	Er wurde verhungert aufgefunden.
der Ruß	Der Ofen *hat* schon immer etwas gerußt.	Im Laufe der Jahre *ist* die Decke verrußt.	Jetzt ist die Decke völlig verrußt.
der Eiter	Die Wunde *hat* schon wieder geeitert.	Dann *ist* auch noch die Bauchdecke vereitert.	Jetzt ist die ganze Wunde vereitert.
der Staub	Es *hat* fürchterlich gestaubt.	Dabei *sind* meine Kleider verstaubt.	Jetzt sind meine Kleider ganz verstaubt.
der Dampf	Das kochende Wasser *hat* gedampft.	Es *ist* in wenigen Minuten verdampft.	Jetzt ist es verdampft.
der Zweifel	Er *hat* an allem gezweifelt.	Schließlich *ist* er verzweifelt.	Jetzt ist er ganz verzweifelt.

Übung

d) Welche Veränderung ging voraus?

1. Das Reh ist tot. Das Reh ist .... (das Ende).
2. Das Brot ist schimmelig. Das Brot ist in dem feuchten Wandschrank .... (der Schimmel).

3. Er leidet an Arteriosklerose. Er ist in den letzten Jahren völlig .... (der Kalk).
4. Diese Leute sind schon richtige Stadtmenschen. Sie sind schnell .... (der Städter).
5. Auf den Straßen ist eine Eisdecke. Die Straßen sind .... (das Eis).
6. Die Eisenstange ist rostig. Sie ist .... (der Rost).
7. Der See ist voller Schlamm. Er .... immer mehr (der Schlamm).
8. Er ist wie ein Tier. Er wurde immer brutaler, bis er schließlich völlig .... (das Tier).
9. Große Teile des alten Flußbetts sind heute mit Sand ausgefüllt. Sie sind im Laufe der Zeit .... (der Sand).
10. Diese Gegend macht heute den Eindruck einer Steppe. Durch das ständige Absinken des Grundwasserspiegels ist die Gegend .... (die Steppe).
11. Man sieht nur Kreidebröckchen. Die Kreide ist .... (das Bröckel).
12. Wo früher Meer war, ist heute Land. Diese Bucht ist durch Küstenhebung allmählich .... (das Land).
13. Er sieht schon aus wie ein Greis. Er ist vorzeitig .... (der Greis).
14. Wer kümmert sich um Waisenkinder? Wer kümmert sich um Kinder, die .... (die Waise) sind?
15. Die Holzscheite sehen jetzt aus wie Kohle. Sie sind .... (die Kohle).
16. Das Gelände ist heute ein riesiger Sumpf. Nach der Eiszeit ist das Gelände .... (der Sumpf).
17. Lanzensplitter lagen umher. Die Lanze war .... (der Splitter).
18. Die Maschine ist von einer dicken Schmutzschicht überzogen. Sie ist innerhalb kurzer Zeit .... (der Schmutz).
19. Dort liegen ausgedehnte Karstgebiete. Diese Gebiete sind .... (der Karst).
20. Er sieht schon aus wie ein alter Mann. Er ist vorzeitig .... (das Alter).
21. Man könnte glauben, diese Pflanzen wären aus Stein. Sie sind im Laufe von Millionen von Jahren .... (der Stein/steinern).

In vielen Fällen bezeichnet das einfache Verb das Gleichbleibende, das *präfigierte Verb* die Veränderung bzw. den Endzustand.

Beachten Sie die Bezeichnung des Endzustandes bei Witterungsverben!

Es hat 3 Tage geschneit. – Jetzt ist alles *zu*geschneit (*ver*schneit).
Es hat getaut. – Jetzt ist der See endlich *auf*getaut.
Letzte Nacht hat es gefroren. – Jetzt ist der See *zu*gefroren.
Es hat wochenlang geregnet. – So ein Jammer! Jetzt sind die schönen Rosen *ver*regnet.
Es hat gehagelt. – Ihm ist die Petersilie *ver*hagelt.

Übung

e) Was geschah schließlich?

1. Gestern hat es in der Bahnhofsstraße gebrannt. Ein Haus .... bis auf die Grundmauern .... .
2. Der Aktenschrank brannte lichterloh. Bis auf wenige Blätter .... alle Akten .... .
3. Gestern hat es in A-Dorf gebrannt; eine Feldscheune ....
4. Der Draht glühte. Schließlich .... er .... .
5. Die Musik klang wie Zaubermusik; obwohl sie schon längst ...., geht sie mir nicht mehr aus dem Sinn.
6. Der Wald hallte wider von seinen Rufen; aber seine Rufe ...., ohne jemandes Ohr zu erreichen.
7. Die Stadt war ein Flammenmeer; übriggeblieben sind nur .... Ruinen.
8. Die Quelle hat jahrelang ausgezeichnetes Trinkwasser geliefert, bis sie vor kurzem ....
9. Er war lange schwer krank; ich hoffe, daß er inzwischen ....
10. Er hat fürchterlich gefroren; schließlich .... er .... .

IV. Verb + Akkusativobjekt oder feste Verbindung aus Verb und Akkusativ

1. *Verb + Akkusativobjekt:*

Ich habe das Buch gelesen.
Ich habe das Buch *nicht* gelesen.

Ich habe heute eine Zeitung gekauft.
Ich habe heute *keine* Zeitung gekauft.

Wir haben Heizöl bestellt.
Wir haben *kein* Heizöl bestellt.

2. *Feste Verbindungen aus Verb und Akkusativ:*

Spielen Sie Karten?
Nein, ich spiele *nicht* Karten.

Karten spielen ist eine feste Verbindung aus Verb und Akkusativ, die genau so gebraucht wird wie ein Verb mit Verbzusatz:

Ich gehe *nicht* weg.
Ich spiele *nicht* Karten.

Übungen

a) Beantworten Sie alle Fragen negativ!

1. Was, schon so früh auf den Beinen! Haben Sie schon Kaffee getrunken? – Herr Müller ist herzleidend. Darf er starken Kaffee trinken? – Was darf ich für Sie bestellen? Möchten Sie Kaffee? – Haben Sie bei Bohnenfritz und Co. Kaffee bestellt? – Es ist zwar erst halb drei, aber wenn Sie wollen, können wir schon Kaffee trinken. – Entschuldigen Sie! Haben Sie meinen Kaffee getrunken?
2. Können Sie Bridge spielen? – Haben Sie das As schon ausgespielt? – Spielen Sie gern Skat? – Dürfen Ihre Schüler im Unterricht Karten spielen?
3. Haben Sie das Auto schon in die Garage gefahren? Können Sie Auto fahren?
4. Wird der Pianist auch eine Klaviersonate von Beethoven spielen? – Können Sie Klavier spielen? – Haben Sie dieses Stück schon einmal gespielt?
5. Können Sie dieses Wort richtig aussprechen? – Beherrschen Sie die deutsche Sprache? – Sprechen Sie eine afrikanische Sprache? Sprechen Sie Gälisch? – Können Sie Deutsch?
6. Haben Sie die Nachrichten schon gehört? – Haben Sie den Wetterbericht gehört? – Hören Sie gern Radio? – Wollen Sie jetzt Radio hören?
7. Sind Sie in diesem Winter schon Schlitten gefahren? Haben Sie meinen neuen Schlitten schon gesehen?
8. Fahren Sie Rad? – Können Sie mich zum Bahnhof fahren?
9. Können Sie Schach spielen? – Möchten Sie noch eine Partie spielen? Wollen Sie diese Partie zu Ende spielen? Haben Sie schon einmal eine Meisterpartie nachgespielt?
10. Können Sie Schi fahren? – Können Sie meine Schier ins Hotel bringen? Brauchen Sie diesen Winter neue Schier? – Haben Sie Ihre Schier schon gewachst?
11. Wollen Sie Gefahr laufen, alles zu verlieren? – Sehen Sie darin eine Gefahr für uns? – Können Sie diese Gefahr abwenden?

b)

12. Raucht Herr Müller Pfeife? – Hat Herr Müller die neue Pfeife schon angeraucht? – Wollen Sie ihm eine Pfeife schenken?
13. Hat der Botschafter dem Außenminister schon Bericht erstattet? Hat der Botschafter dem Außenminister einen Bericht darüber zugehen lassen? – Hat der Außenminister den Bericht schon gelesen?
14. Hat er ihm die Stange gehalten? Können Sie die schwere Stange noch halten?
15. Darf man hier Schlittschuh laufen? – Hast du deine Schlittschuhe mitgebracht? – Kann man hier Schlittschuhe kaufen?

16. Ist der Kleine schon Karussell gefahren? – Hast du das große Karussell schon gesehen? – Hast du schon einmal ein so schönes Karussell gesehen?
17. Hat die Firma Bankrott gemacht? – Haben Sie den Bankrott vorausgesehen?
18. Es ist doch erst 11 Uhr. Müssen wir denn schon Schluß machen? – Kennen Sie den Schluß des Romans?
19. Macht er ihr den Hof? – Hat er ihr die Hausaufgaben gemacht?
20. Hat man ihm schon den Prozeß gemacht? – Haben Sie den Prozeß genau verfolgt? – Wollen Sie einen Prozeß gegen ihn anstrengen?
21. Macht ihr schon Feierabend? – Verbringen Sie den heutigen Abend zu Hause?
22. Sie spielen wie immer den Unschuldigen. Bitte, spielen Sie diesmal ….
23. [Spießruten laufen] Ich weigere mich, dort vorbeizugehen; ich will doch ….
24. Hat er Ihnen schon Bescheid gegeben?
    Haben Sie Ihren Steuerbescheid schon bekommen?

3. Der Unterschied zwischen *Verb + Akkusativobjekt* und *festen Verbindungen aus Verb und Akkusativ* spiegelt sich auch in der Perfektbildung wider:

Er *hat* das Auto in die Garage gefahren.
Er *ist* noch nie Auto gefahren.

Übung

c) Wie heißt das Perfekt?

1. Die Kinder *fahren* den ganzen Tag *Schlitten.*
2. Mein Vater *fährt seinen Wagen* in die Reparaturwerkstatt.
3. Hans *fährt Karussell.*
4. Herr Müller *fährt mich* zum Bahnhof.
5. Er *läuft* sich *die Füße* wund, um alle Papiere zu besorgen.
6. Die Kinder *laufen* auf dem See *Schlittschuh.*
7. In seinen Ferien *fährt* er auf dem Starnberger See *Motorboot.*
8. Mein Freund *fuhr mich* zum Hotel zurück.
9. Die Kinder *liefen* auf dem Asphalt *Rollschuh.*

V. Negation und Einschränkung

1. Die Negation von *schon*, *schon etwas* usw.

schon	≠	noch nicht
schon (ein ....)	≠	noch kein ....
schon jemand	≠	noch niemand
schon etwas	≠	noch nichts
schon einmal	≠	noch nie

Beispiele:

Herr Müller hat	*schon* nach Ihnen gefragt.
Herr Müller hat	*noch nicht* nach Ihnen gefragt.
Man hat	*schon* nach Ihnen gefragt.
Man hat	*noch nicht* nach Ihnen gefragt.
Es hat	*schon jemand* nach Ihnen gefragt.
Es hat	*noch niemand* nach Ihnen gefragt.
Es ist	*schon etwas* erreicht worden.
Es ist	*noch nichts* erreicht worden.
Herr Müller muß	*schon* nach Hause gehen.
Herr Müller braucht	*noch nicht* nach Hause zu gehen.
Ich habe das Buch	*schon* gelesen.
Ich habe das Buch	*noch nicht* gelesen.
Ich habe	*schon ein* Zimmer gefunden.
Ich habe	*noch kein* Zimmer gefunden.
Haben Sie	*schon* Heizöl bestellt?
Haben Sie	*noch kein* Heizöl bestellt?
Ich habe	*schon* Kaffee getrunken.
Ich habe	*noch nicht* Kaffee getrunken.
Ich habe	*schon jemand(en)* gesehen.
Ich habe	*noch niemand(en)* gesehen.
Ich habe	*schon etwas* gegessen.
Ich habe	*noch nichts* gegessen.
Mein Freund ist	*schon einmal* in Irland gewesen.
Ich bin	*noch nie* in Irland gewesen.

2. Die Negation von *noch*, *noch etwas* usw.

noch	≠	nicht mehr
noch (ein ....)	≠	kein .... mehr
noch jemand	≠	niemand mehr
noch etwas	≠	nichts mehr
noch einmal	≠	nicht noch einmal, nie mehr (nie wieder)

Beispiele:

Die beiden haben	*noch* lange diskutiert.
Die beiden haben	*nicht mehr* lange diskutiert.
Man hat	*noch* lange diskutiert.
Man hat	*nicht mehr* lange diskutiert.
Es ist	*noch jemand* gekommen
Es ist	*niemand mehr* gekommen.
Es ist	*noch etwas* zu erledigen.
Es ist	*nichts mehr* zu erledigen.
Ich hoffe, daß ich heute	*noch* zu Ihnen kommen kann.
Ich fürchte, daß ich heute	*nicht mehr* zu Ihnen kommen kann.
Ich habe meinen Freund	*noch* besuchen können.
Ich habe meinen Freund	*nicht mehr* besuchen können.
Gott sei Dank habe ich	*noch ein* Zimmer finden können.
Leider habe ich	*kein* Zimmer *mehr* finden können.
Ich habe	*noch* etwas Zeit.
Ich habe	*keine* Zeit *mehr*.
Haben Sie wenigstens	*noch* Kaffee trinken können?
Nein, ich habe	*nicht* (einmal) *mehr* Kaffee trinken können.
Hat man um diese Zeit	*noch jemand(en)* dort gesehen?
Nein, um diese Zeit hat man	*niemand(en) mehr* dort gesehen.
Können Sie überhaupt	*noch etwas* sehen?
Nein, ich kann	*nichts mehr* sehen.
Wollen Sie	*noch einmal* in die Tropen fahren?
Nein, ich möchte	*nicht noch einmal* in die Tropen fahren.
Nein, ich werde	*nie wieder* in die Tropen fahren.

3. Die *Einschränkung* (der Gebrauch von *erst*)

A: *In* einem bestimmten Zeitpunkt

noch keine große Zahl,	erst eine kleine Zahl
noch keine große Menge,	erst eine kleine Menge
noch kein hohes Alter,	erst ein geringes Alter
noch kein hoher Grad etc.,	erst ein niedriger Grad etc.

Vergangenheit	Gegenwart	Zukunft
o	o	o
Als wir ihn zum ersten Mal sahen, war er *erst* 20 Jahre alt.	Jetzt ist es doch *erst* 7 Uhr. Er weiß noch längst nicht alles, er weiß *erst* die Hälfte.	Am 31. Dezember werde ich *erst* 500 DM auf meinem Sparkonto haben.

Als wir ihn kennenlernten, war er *erst* Leutnant.
Damals hatten sie *erst* 2 Kinder.
Damals standen wir *erst* am Anfang.

Er verdient noch nicht viel, er ist *erst* Studienassessor.
Er ist *erst* 20 Jahre alt.
Ich habe *erst* 3 irische Briefmarken in meiner Sammlung.

Morgen wird sie *erst* 20 Jahre alt.

Morgen beginnt *erst* die zweite Etappe unserer Reise.

Bis zu einem bestimmten Zeitpunkt

noch keine große Zahl, — erst eine kleine Zahl
noch keine große Menge, — erst eine kleine Menge
noch keine lange Zeit, — erst eine kurze Zeit
noch kein hoher Grad etc., — erst ein niedriger Grad etc.

V

——→ o

Als wir in diese Stadt kamen, war er *erst* seit einem Jahr Bürgermeister.
Damals hatte er es *erst* bis zum Leutnant gebracht.

G

——→ o

Ich habe *erst* 2 Glas Bier getrunken.
Ich wohne *erst* seit 2 Wochen hier.
Er ist *erst* seit 2 Monaten verheiratet.
Ich habe *erst* 30 DM gespart.

Z

——→ o

Bis dahin können wir *erst* 1000 DM gespart haben.

B: *In* einem bestimmten Zeitpunkt *noch nicht*, *erst nach* diesem Zeitpunkt

V

– +

Vorgestern wußte ich das noch nicht; ich habe es *erst* gestern erfahren.

G

– +

Heute kann ich Ihnen das noch nicht sagen; ich kann es Ihnen *erst* morgen sagen.

Z

– +

Morgen können wir die Waren noch nicht liefern; *erst* übermorgen.

C: *Nicht lange vor* einem bestimmten Zeitpunkt, *erst kurz vor* diesem Zeitpunkt

V

↶ o

Als ich ihn zum ersten Mal sah, hatte er gerade *erst* geheiratet.

G

↶ o

Ich habe das *erst* vor 5 Minuten erfahren.
Wir haben *erst* neulich davon gesprochen.

Z

↶ o

Die Planung kann *erst* kurz vor Jahresende abgeschlossen werden.

D: *Bis zu* einem bestimmten Zeitpunkt *noch nicht* oder *nicht mehr*, *erst in* oder *nach* diesem Zeitpunkt

V

— +
———→O

Er kam *erst* aus seinem Schlupfwinkel hervor, als alles vorbei war.
Und dann ging es *erst* richtig los.
Ich dachte nicht mehr daran, bis es mir *erst* Jahre später wieder einfiel.

G

— +
———→O

Warum sagen Sie mir das *erst* jetzt?

Z

— +
———→O

Kommen Sie bitte *erst* herein, wenn ich Sie rufe.
Vor Ostern schreibe ich ihm nicht mehr. Ich schreibe ihm *erst* nach Ostern.
Bis zum Jahresende sehen wir uns bestimmt nicht wieder; dann treffen wir uns also *erst* im nächsten Jahr.

4. Unterscheiden Sie zwischen *erst* und *nur*!

Ich habe *erst* drei Glas Bier getrunken.
(Bis jetzt, bis zu diesem Augenblick, *erst* drei Glas; vielleicht trinke ich noch mehr.)
Ich habe gestern abend *nur* drei Glas Bier getrunken.
(Ich habe insgesamt nicht mehr als drei Glas Bier getrunken.)

Um 8 Uhr waren *erst* 20 Leute im Saal.	Gestern abend waren *nur* 20 Leute im Konzert.
Ich habe ihn *erst* einmal danach gefragt.	Ich brauchte ihn *nur* einmal danach zu fragen, und schon erfuhr ich alles, was ich wissen wollte.
Das Kind ist *erst* 3 Jahre alt.	Das Kind ist *nur* 3 Jahre alt geworden.
Er hat es *erst* bis zum Leutnant gebracht.	Er hat es *nur* bis zum Leutnant gebracht.
Der Zug hat *erst* drei Minuten Verspätung; da werden wir den Anschlußzug wohl noch erreichen.	Unser Zug hatte *nur* drei Minuten Verspätung, so daß wir den Anschlußzug noch erreichen konnten.

Übungen

a)

1. Was halten Sie von diesem Buch? – Ich habe im Augenblick .... sehr wenig Zeit, ich habe .... 30 Seiten gelesen.

2. Glauben Sie, daß Sie das noch im Laufe dieser Woche erledigen können? – In dieser Woche bestimmt ....; ich werde wohl .... nächste Woche dazukommen.
3. Weiß er das ....? – Nein, er weiß es ....; er wird es .... heute abend erfahren.
4. Ich kann Ihnen leider .... wenig über Herrn Meier sagen; wir kennen uns .... seit einem Jahr und treffen uns .... selten.
5. Sind Sie schon einmal mit einem Rennwagen gefahren? – Ich? Ich bin .... mit einem Rennwagen gefahren.
6. Wollen Sie nicht doch noch einmal mit ihm sprechen? – Das kommt gar nicht in Frage, ich will diesen Kerl .... sehen.
7. Obwohl er .... seit 2 Monaten Deutsch lernt, kann er schon ganz gut sprechen; .... seine Aussprache ist noch nicht in Ordnung.
8. Ist Herr Müller noch im Büro? – Nein, er ist .... da, er kommt .... um 3 Uhr wieder.
9. Es ist doch .... 6 Uhr, und .... so dunkel!
10. Wir dachten schon, das Fest wäre zu Ende. Aber als die Jazz-Kapelle kam, ging es .... richtig los.
11. Mein Sohn nimmt schon seit 3 Jahren Klavierstunden, aber er kann immer .... Klavier spielen.
12. Hat sich schon jemand gemeldet? – Nein, es hat sich .... gemeldet.
13. Haben Sie schon einen Plan ausgearbeitet? – Nein, wir haben .... Plan ausgearbeitet.
14. Wollen Sie den Plan noch in diesem Jahr ausarbeiten? – Nein, in diesem Jahr ....
15. Kann Ihre Frau auch schon Auto fahren? – Ich glaube schon, aber sie darf .... Auto fahren, weil sie .... Führerschein hat.

b)

16. Dieser Angestellte arbeitet .... seit 3 Wochen bei uns; bis jetzt hat er uns .... Schwierigkeiten gemacht.
17. Haben Sie schon Kinder? – Nein, wir haben .... Kinder.
18. Haben Sie noch Beschwerden? – Nein, ich habe .... Beschwerden .... .
19. Ich habe sehr viel zu tun, ich bin gerade .... vom Urlaub zurückgekommen, und in .... 2 Tagen kann man nicht alles aufarbeiten, was liegengeblieben ist.
20. An einer deutschen Universität können Sie jetzt noch nicht studieren; das können Sie ...., wenn Sie das Abitur gemacht haben.
21. Haben Sie schon etwas dazugelernt? – Nein, ich habe .... dazugelernt, ich habe .... meine Zeit verloren.
22. Warum sagen Sie mir denn das alles .... heute! Das hätten Sie mir .... viel früher sagen müssen.

23. Wir wurden uns der Gefahr .... bewußt, als es schon zu spät war.
24. Ich werde in 4 Fächern geprüft, und ich habe .... eine Prüfung hinter mir.
25. Haben Sie noch nichts zu essen bestellt? – Doch, ich habe .... bestellt.
26. Das ist jetzt .... der Anfang, das dicke Ende kommt noch.
27. Als wir ihn besuchten, war er gerade .... aus dem Krankenhaus zurückgekommen.
28. Ich kann noch nicht gut radfahren; ich hab's aber auch .... zweimal probiert.
29. Möchten Sie noch etwas trinken? – Nein, danke, ich möchte .... trinken.
30. Haben Sie schon einmal Kaviar gegessen? – Nein, ich habe .... Kaviar gegessen.

VI. Darstellung von Fortbewegungen

In der deutschen Sprache gibt es zwei Möglichkeiten, Bewegungen darzustellen:

1. Eine Ortsveränderung wird ohne Bezugnahme auf einen Beobachter beschrieben.

2. Die Darstellung läßt erkennen, ob die Ortsveränderung für den Beobachter ein Näherkommen (*her*) oder eine Wegbewegung (*hin*) bedeutet.

1. Herr Meier *überquert* die Straße.

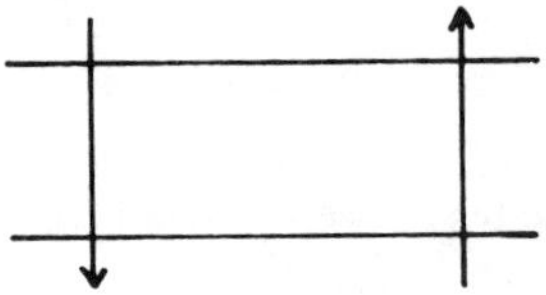

Hans *überquert* die Straße.

Ein alter Mann *betrat* die Gaststube.

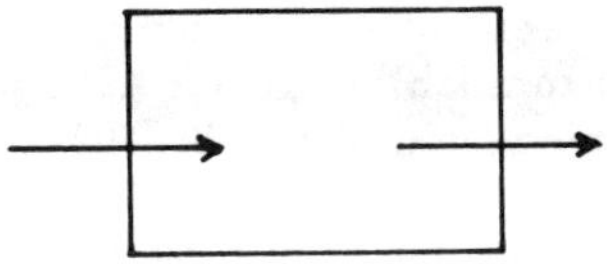

Schon nach wenigen Minuten *verließ* er die Gaststube.

Die Quecksilbersäule *steigt*.

Die Quecksilbersäule *sinkt (fällt)*.

2. Herr Meier kommt zu mir *her*über.

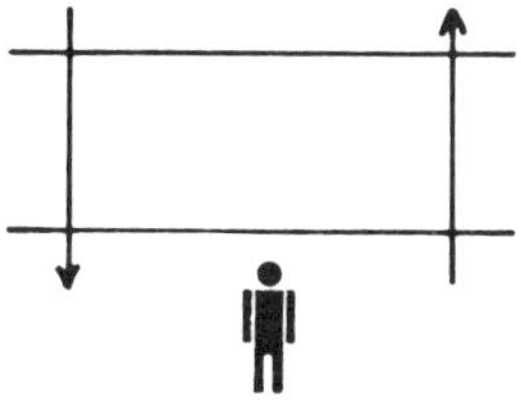

Hans geht *hin*über.

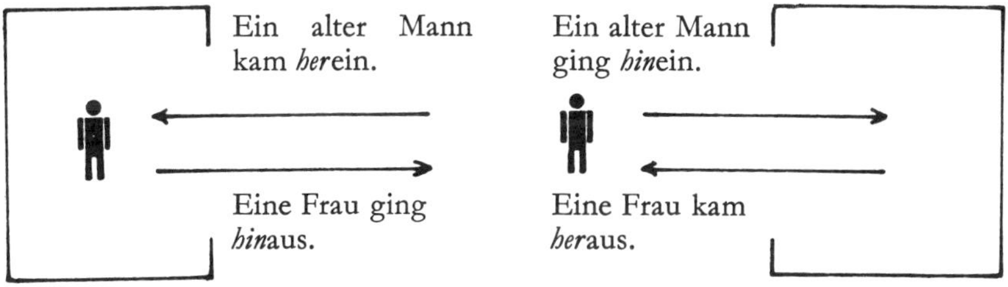

Der Mann stieg *hin*unter.

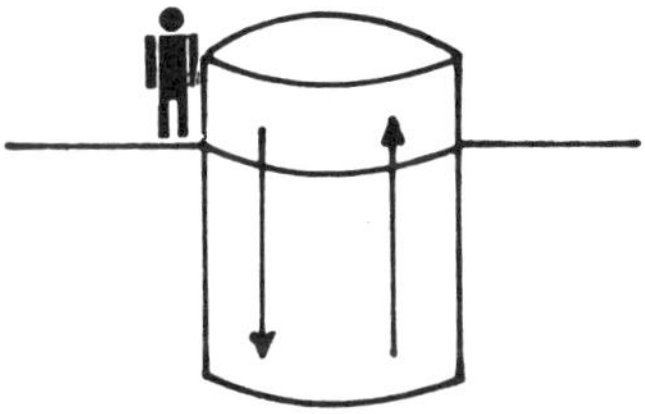

Er brachte einen Eimer voll Wasser *her*auf.

Anmerkung:

In einigen Fällen läßt der Verbzusatz den Standort des Sprechenden, das Verb den Standort des Angesprochenen erkennen.

Haus des Arztes

„hin" ist von der Frau des Arztes aus gesehen.

Frau des Arztes:
„Ich sage meinem Mann sofort Bescheid. Er *kommt* gleich *hin.*"

Haus des Patienten

„Er kommt" ist vom Standort des Patienten aus gesehen.

Übungen zum (idiomatischen) Gebrauch von *hin* und *her*

a)

1. Können Sie mir helfen, den schweren Koffer vom Schrank ....unterzuholen?
2. Die Schublade ist schon ganz voll, es geht wirklich nichts mehr ....ein.
3. Der Hund kroch winselnd unter dem Sofa ....vor.
4. Als das Gespräch auf diesen Punkt kam, verlor er alle Schüchternheit und ging endlich ganz aus sich ....aus.
5. Wie ein Pfeil glitt das Boot über das Wasser da.....
6. Die Flugzeuge rasten mit Überschallgeschwindigkeit über die Dächer ....weg.
7. Seine Machtmittel reichten nicht im entferntesten an die seines Rivalen ....an.
8. Zu einer solchen Gemeinheit gebe ich meinen Namen nicht .....
9. Er gab sich der Hoffnung ...., doch noch Einfluß auf ihn gewinnen zu können.
10. Dafür würde ich alles .... geben.
11. Er weigert sich, die Sachen .... auszugeben; er habe sie rechtmäßig erworben.
12. Er glaubte, sich über alle unsere Bedenken .... wegsetzen zu können.
13. Jetzt, wo alles schiefgegangen ist, möchte er mich als den Urheber des Plans .... stellen.
14. In dieser Fabrik werden Rundfunkgeräte ....gestellt.
15. Sie dürfen über solche Feinheiten nicht einfach .... weglesen.
16. Mit zwei, drei kurzen Bemerkungen ging er über unsere Argumente ....-weg.
17. Plötzlich kam er hinter einem Baum .... vor.
18. Ob ich's nun so rechne oder so, es kommt immer dasselbe .... aus.
19. Du lieber Himmel! Schon wieder eine Konferenz; .... auskommen wird wieder nichts.
20. Er hat seinen Rivalen zum Zweikampf .... ausgefordert.
21. Wozu so viele Worte? Was Sie da sagen, läuft doch darauf .... aus, daß Sie mir kündigen wollen.
22. Das müssen Sie schon mir überlassen. Da lasse ich mir nicht ....einreden.
23. Das mußte ja schiefgehen. Er will ja auch immer zu hoch ....aus.
24. Er arbeitet darauf ...., seinen Partner auszubooten.
25. Heute will ich noch mal darüber ....wegsehen; aber wenn das noch mal vorkommt, dann sollen Sie mich kennenlernen.

b)

26. Die Preise mußten um 5% ....aufgesetzt werden.
27. Regenmäntel zu ....abgesetzten Preisen!

28. Ich kann es nicht dulden, daß Sie seine Leistungen in dieser Weise ....absetzen.
29. Ich muß unbedingt ....ausbekommen, wer ihm diese Dokumente zugespielt hat.
30. Nun rücken Sie doch endlich mit der Sprache ....aus!
31. Das Ewig-Weibliche zieht uns ....an.
32. Der Wagen fuhr bis auf wenige Meter an den Grenzstreifen....an.
33. Ich lasse mich nicht länger in dieser Weise ....abwürdigen.
34. Selbst durch die meterdicke Mauer ....durch war das Geräusch deutlich zu hören.
35. Wir haben Millionen ....eingesteckt, ...ausgesprungen ist so gut wie nichts.
36. Zu dritt fielen sie über ihn .... .
37. Ich denke gar nicht daran, für diese Kerle meinen Kopf ....zuhalten.
38. Wir werden alles nur Erdenkliche tun, um nicht in diesen Konflikt ....eingezogen zu werden.
39. Da brach die Katastrophe über uns ....ein.
40. Als er sich der Schwierigkeiten bewußt wurde, wagte er sich an die Arbeit nicht mehr recht ....an.
41. Na, hören Sie mal! Diese Argumente sind aber sehr weit ....geholt.
42. Er konnte das alles auswendig ....sagen.
43. Scharen von Neugierigen eilten ....bei.
44. Der Staub drang durch alle Ritzen ....ein.
45. Darf ich noch etwas ....zufügen?
46. Als erschwerender Umstand kommt ....zu, daß er eine Schußwaffe bei sich trug.
47. Dieses Beispiel ist doch an den Haaren ....beigezogen.
48. Worauf wollen Sie eigentlich ....aus?
49. Dieser Politiker soll ins andere Lager ....übergewechselt sein.
50. Ach was! Er redet manchmal so dummes Zeug da..... Das dürfen Sie nicht ernst nehmen.

c)

51. Wo der ....haut (....schlägt), wächst kein Gras mehr.
52. Es dürfte inzwischen ....reichend klar geworden sein, daß es so nicht geht.
53. Ich bin nicht gewillt, derartige Beleidigungen einfach ....zunehmen.
54. Wenn Sie die Anforderungen immer weiter ....aufschrauben, werden Sie bald kein Personal mehr finden.
55. Ich lasse mich nicht von jedem ....gelaufenen Handwerksburschen herumkommandieren.
56. Ich habe keine Lust mehr, am liebsten möchte ich alles ....werfen.
57. So geht das nicht mehr weiter! Wo kämen wir denn da ....?

58. So kann man doch mit diesem Apparat nicht umgehen! Der wird bald ....über sein.
59. Auf so etwas falle ich nicht noch einmal ....ein.
60. Ich glaube, da interpretieren Sie etwas in das Buch ....ein, was in dem Buch gar nicht steht.
61. Es ist nicht weit .... mit seinem Wissen.
62. Dieses Gasthaus ist wegen seiner ausgezeichneten Küche weit.... bekannt.
63. Wenn wir jemanden brauchen, über den wir uns lustig machen können, muß immer unser Lateinlehrer ....halten.
64. Ist er mit diesem Vorschlag auch an Sie ....angetreten?

Besondere Verwendungsweisen von *hin* und *her*

1. *Her* wird immer dann gebraucht, wenn von *zwei* gleichgerichteten Fortbewegungen die Rede ist:

Holzpferdchen ⟶	der Kleine ⟶	Der Kleine zog ein Holzpferdchen hinter sich *her*.
Er ⟶	Ball ⟶	Er lief hinter dem Ball *her*.
Ich ⟶	Freund ⟶	Mein Freund fuhr vor mir *her*, um mir den Weg zu zeigen.
Wagen ⟶ Kinder ⟶		Die Kinder liefen neben unserem Wagen *her*.

Aber: „Ich ging im Walde / So für mich *hin*, / Und nichts zu suchen, / Das war mein Sinn“ [Goethe]
(nur *eine* Fortbewegung)

2. Die Raumbegriffe *hin* und *her* werden häufig auf die *Zeit* übertragen:

1. Die Verhandlungen zogen sich bis zum Frühjahr des darauffolgenden Jahres *hin*.
2. Er arbeitet immer bis tief in die Nacht *hin*ein.
3. Seit*her* hat sich daran kaum etwas geändert.
4. Durch viele Jahrhunderte *hin*durch war dies das Hauptziel der britischen Außenpolitik.

5. Es ist schon eine Ewigkeit *her*, daß wir uns das letzte Mal gesehen haben.
6. Ich lasse mich nicht länger *hin*halten; ich will jetzt endlich eine klare Auskunft.
7. Bis da*hin* wird noch viel Wasser den Rhein hinunterfließen.
8. Diese Gesetze galten noch bis weit ins 19. Jahrhundert *hin*ein.
9. Die Verhandlungen zogen sich über Monate *hin.*
10. Wir können das nicht mehr länger *hin*ausschieben; jetzt muß endlich eine Entscheidung getroffen werden.
11. Er bringt seine Zeit mit dem Lesen billiger Kriminalromane *hin.*
12. Mit den *her*kömmlichen Methoden kommen wir da nicht mehr weiter.
13. Es fällt schwer, das Alt*her*gebrachte über Bord zu werfen.
14. Der bis*her*ige Direktor hat den neuen Direktor in sein Amt eingeführt.
15. Bis*her* hat sich diese Methode gut bewährt; es steht zu hoffen, daß das auch in Zukunft so bleiben wird.
16. Ich hoffe, daß wir auch weiter*hin* gut zusammenarbeiten werden.
17. Ich weiß das noch von früher *her.*
18. Ich habe Sie doch vor*hin* schon einmal danach gefragt.
19. Dann wurden Sie also Musiker. Und welchen Beruf hatten Sie vor*her*?
20. Können Sie nach*her* noch einmal anrufen?

3. *Hin* (konsekutiv):

Auf seinen Protest *hin* (= als Reaktion auf seinen Protest) wurde der Plan sofort geändert. – Er wurde heftig angegriffen; darauf*hin* verließ er wütend den Saal

Hin (konzessiv):

Selbst auf die Gefahr *hin* (= selbst wenn ich Gefahr laufe), Sie zu kränken, muß ich weitersprechen.

VII. Zum Gebrauch von ES

1. Es *dient als Hinweis auf den folgenden Subjektsatz:*

Es ist sehr unwahrscheinlich, *daß er davon nichts gewußt hat.*
⟶

Aber: *Daß er davon nichts gewußt hat,* (das) ist sehr unwahrscheinlich.

Subjektsätze erscheinen häufig bei Adjektiven, die den Wahrscheinlichkeitsgrad bezeichnen.

100% ganz sicher
↑ sicher
so gut wie sicher
ziemlich sicher
sehr wahrscheinlich
durchaus wahrscheinlich
wahrscheinlich
ziemlich wahrscheinlich
leicht (gut, durchaus) möglich
möglich (denkbar)
50% ungewiß, zweifelhaft
↑ ziemlich unwahrscheinlich
unwahrscheinlich
sehr unwahrscheinlich
kaum möglich (denkbar)
unmöglich (ganz, völlig unmöglich)
0% ausgeschlossen (ganz, völlig ausgeschlossen)

Übung

a) Beginnen Sie mit dem Subjektsatz!

1. Es ist ziemlich wahrscheinlich, daß er zu diesem Zeitpunkt noch gelebt hat.
2. Es wäre durchaus denkbar, daß er es in diesem Beruf weit gebracht hätte.
3. Es ist so gut wie sicher, daß dieser Plan keine Zustimmung finden wird.
4. Es ist leicht möglich, daß bei der Ausführung des Plans noch unvorhergesehene Schwierigkeiten auftreten.
5. Es steht außer Zweifel, daß der Plan gut durchdacht war.
6. Es wird sich noch zeigen, ob wir auf dem richtigen Weg sind.
7. Es ist fraglich, ob das die richtige Methode ist.
8. Es ist mehr als zweifelhaft, ob diese Methode zum Erfolg führen wird.
9. Es wäre zu erwägen, ob man nicht doch einen Fachmann zu Rate ziehen sollte.

10. Es muß ein eigenartiges Gefühl sein, in einer Rakete durch den Weltraum zu fliegen und von aller Welt abgeschnitten zu sein.
11. Es ist nicht zu bestreiten, daß sie sich große Mühe gegeben hat.
12. Es ist bewundernswert, mit welcher Klarheit dieser Politiker die kommende Entwicklung vorausgesehen hat.
13. Es ist mir unverständlich, warum er das getan hat.
14. Es ist mir immer noch nicht klar, wie er das alles geschafft hat.
15. Es wird immer ein Rätsel bleiben, wieso er ausgerechnet auf diesen Gedanken verfallen ist.
16. Es ist mir völlig gleichgültig, mit welchen Mitteln Sie Ihr Ziel erreichen wollen.
17. Es ist mir unbegreiflich, wie Sie so etwas tun konnten.
18. Es bleibt noch zu klären, wer ihm Einsicht in die Geheimakten gewährt hat.
19. Es ist doch völlig aussichtslos, gegen alle anzukämpfen.
20. Es ist einfach skandalös, wie er sich benimmt.
21. Es ist bemerkenswert, auf welche Weise es zu diesem Kompromiß gekommen ist.
22. Es ist erstaunlich, daß er in wenigen Monaten so viel erreicht hat.
23. Es ist bis heute ungeklärt, auf welchem Wege er ins Ausland gelangt ist.
24. Es ist unbedingt erforderlich, die Dinge neu zu überdenken.
25. Es ist nicht mehr festzustellen, woran das gelegen hat.
26. Es scheint mir notwendig, darauf besonders hinzuweisen.
27. Es ließ sich nicht vermeiden, diesen Punkt anzuschneiden.

2. *Bei einigen Verben erscheint* es *als Hinweis auf den folgenden Objektsatz.*

Vergleichen Sie die folgenden Satzpaare:

Ich weiß doch schon, *daß er geheiratet hat.*

Daß er geheiratet hat, (das) weiß ich doch schon.

Ich halte *es* für ausgeschlossen, *daß sein Angebot ernst gemeint ist.*

⟶

Aber: *Daß sein Angebot ernst gemeint ist,* halte ich für ausgeschlossen.

Übungen

b) Beginnen Sie mit dem Objektsatz!

1. Ich hielte es für sehr bedenklich, zu solchen Mitteln zu greifen.
2. Ich halte es nicht für richtig, ihm das zu verschweigen.
3. Ich halte es für sehr gewagt, solche Behauptungen aufzustellen.
4. Ich halte es für ungünstig, daß diese Maßnahmen gerade jetzt eingeleitet werden.
5. Ich halte es für unangebracht, ihm das immer wieder vorzuhalten.

6. Ich habe es stets vermieden, das Gespräch auf diesen Punkt zu lenken.
7. Ich konnte es nicht vermeiden, mit dieser Geschichte in Verbindung gebracht zu werden.
8. Wenn er nach München kommt, versäumt er es nie, seinen alten Professor zu besuchen.
9. Ich verabscheue es, diese alten Geschichten immer wieder aufzuwärmen.
10. Geben Sie es doch auf, mich von Ihren Ansichten überzeugen zu wollen.
11. Er hat es mir übelgenommen, daß ich ihn nicht zu meiner Hochzeit eingeladen habe.
12. Ich vermied es peinlich, mit ihm zusammenzutreffen.
13. In diesem Jahr kann ich es mir nicht leisten, eine Urlaubsreise zu machen.
14. Als Beamter kann ich es mir nicht erlauben, dazu Stellung zu nehmen.
15. Trotz seines hohen Alters läßt er es sich nicht nehmen, zum Essen ein Gläschen Wein zu trinken.
16. Ich habe es nicht über mich gebracht, ihm das gerade in diesem Augenblick zu sagen.

c)

17. Er nahm es trotz gewisser Bedenken auf sich, diese Maßnahmen gegenüber seiner vorgesetzten Dienststelle zu rechtfertigen.
18. Wir brachten es nicht übers Herz, ihm die Freude zu verderben.
19. Unser Mitarbeiter hat es leider unterlassen, uns rechtzeitig auf diese Schwierigkeiten hinzuweisen.
20. Nur ein Mann wie Mommsen konnte es unternehmen, die Quellen zur Geschichte des Römischen Rechts zusammenzustellen.
21. Ich kann es kaum noch erwarten, euch wiederzusehen.
22. Ich kann es nicht länger hinnehmen, daß immer mir alle Schuld in die Schuhe geschoben wird.
23. Ich halte es einfach nicht länger aus, mit diesem Menschen zusammenleben zu müssen.
24. Wir bedauern es außerordentlich, daß Sie sich nun doch entschlossen haben, aus unserer Firma auszuscheiden.
25. Wir beklagen es sehr, daß wir ihn von diesem verhängnisvollen Schritt nicht haben abbringen können.
26. Herr Müller will es übernehmen, den Antrag vor der Versammlung zu begründen.
27. Der neue Direktor des Unternehmens will es sich angelegen sein lassen, die schon bestehenden Geschäftsverbindungen zu pflegen und neue anzuknüpfen.
28. Ich werde es auf jeden Fall so einrichten, daß ich noch vor 12 Uhr in Ihrem Büro bin.

29. Ich bin es einfach leid, wegen jeder Kleinigkeit seine Genehmigung einholen zu müssen.
30. Ich bin es endgültig satt, die Maßnahmen anderer rechtfertigen zu müssen.
31. Ich bereue es nicht, daß ich mir diesen teuren Apparat gekauft habe.

VIII. Modalwörter, die Aussagen oder Fragen eine subjektive Färbung verleihen

A: jă – jā

1. *Der Sprechende setzt voraus, daß der Inhalt seiner Mitteilung bereits bekannt ist oder uneingeschränkte Zustimmung finden kann.*

Da Sie jă aus Irland kommen, können Sie mir sicher sagen, wo die „Wicklow Mountains" liegen. – Es ist ja allgemein bekannt, daß der Standpunkt der Ostblockländer in vielen Punkten von dem des Westens abweicht. – Das ist keine Ausnahme, er kommt ja immer zu spät. – Natürlich mache ich noch Fehler, aber Sie wissen ja selbst, wie schwierig es ist, seine Gedanken in einer Fremdsprache auszudrücken. – Ich glaube, das brauche ich Ihnen nicht lang und breit auseinanderzusetzen. Sie werden ja inzwischen selbst gemerkt haben, wie die Dinge liegen. – Haben Sie nur Geduld. Es kann ja nicht immer so bleiben. – Damit sage ich Ihnen ja nichts Neues, das versteht sich von selbst. – Darüber sind wir uns ja nun einig, so daß wir diesen Punkt abschließen können. – Die zwei Minuten können wir jetzt auch noch zu Fuß gehen, es ist ja nicht mehr weit. – Es ist ja nicht schwierig, sich auszumalen, wie unsere Geschäftspartner auf ein solches Angebot reagieren würden.

2. *Der Sprechende fällt ein endgültiges Urteil.*

Ach was! Sie sind jă verrückt. – Das ist ja hirnverbrannt. – Wie kann man denn so etwas tun! Der ist ja wahnsinnig. – Dem ist ja nicht mehr zu helfen.

3. *Der Sprechende drückt sein Erstaunen aus.*

Nanu! Sie sind jă schon wieder da. – Mein Gott! Es schneit ja. – Was ist denn mit Ihnen los? Sie sehen ja ganz blaß aus. (Sie sind ja ganz außer Atem. – Sie sind ja kreideweiß im Gesicht.) – Wo kommen Sie denn her? Sie sind ja patschnaß. – Na, so etwas! Herr Müller ist ja immer noch nicht abgereist. – Herr Müller hat ja schon wieder einen neuen Wagen! Ich möchte nur wissen, woher der das viele Geld hat. – Um Gottes Willen! Sie bluten ja!

4. jă *steht in Sätzen, denen eine Einschränkung mit „aber" oder „wenn nicht" folgt oder folgen könnte.*

Sie haben jă recht. Aber manchmal muß man auch Dinge tun, die man nicht für richtig hält. – Ich hab's ja gleich gesagt, aber keiner wollte mir glauben. – Ich würde ja gern kommen, aber heute geht es wirklich nicht. – Ich hab's ja kommen sehen, aber auf mich hört ja niemand. – Ich geb's dir ja, aber gern tue ich das nicht. – Ich hab' ja gewußt, daß das schiefgehen würde; aber hier macht ja jeder, was er will. – Ich würde Ihnen ja helfen, wenn ich nicht selbst alle Hände voll zu tun hätte. – Ich würde Ihnen mein Wörterbuch ja leihen, wenn ich es nicht selbst brauchte. – Ich kann ja verstehen, daß man mal aus der Haut fährt; aber seine Frau verprügeln, das geht zu weit.

5. jā = *unter allen Umständen, auch ganz bestimmt*
jā nicht = *unter keinen Umständen*

Gehen Sie jā gleich zum Arzt; mit so etwas ist nicht zu spaßen. – Lassen Sie ja die Finger davon! Das kann schiefgehen. – Er brüllte fast, damit es auch ja alle hörten. – Er baute sein Geschenk so auf, daß es auch ja alle sehen konnten. – Machen Sie das Licht aus, damit uns nur ja keiner hier sieht. – Versäumen Sie ja nicht, sich diesen Film anzusehen. – Kommen Sie ja nicht noch einmal auf die Idee, mich um Geld anzupumpen. – Fangen Sie ja nicht davon an, sonst geht er an die Decke.

6. jā *leitet eine Steigerung ein.*

Ich schätze, jā ich verehre ihn. – Eine solche Handlungsweise wäre verantwortungslos, ja geradezu verbrecherisch. – Ich habe ihn gebeten, ja angefleht, das zu unterlassen. – Das klingt unglaublich, ja phantastisch.

B: denn

In Fragen drückt denn *aus, daß der Sprechende*

1. *besonders neugierig oder ungeduldig ist:*

Erzählen Sie doch! Wo waren Sie denn die ganze Zeit? Wie ist es Ihnen denn inzwischen ergangen? – So reden Sie doch! Wie geht es Ihnen denn? – Wie geht es denn Ihrer Schwester? Arbeitet sie immer noch in dem Anwaltsbüro? – Das müssen Sie mir aber ganz genau erzählen. Wie ist denn das zugegangen? – Hat denn alles geklappt? – Warum haben Sie ihr denn Ihre Telefonnummer gegeben? – Nun erzählen Sie mal! Wie haben Sie denn das fertiggebracht?

2. *überrascht oder erstaunt ist:*

Sind Sie denn ganz allein nach Afrika gefahren? – Wo kommen Sie denn auf einmal her? – Woher wissen Sie denn das? – Wie kommen Sie denn auf diese verrückte Idee? – Ist Ihnen denn nichts aufgefallen? – Was! Ist es denn schon so spät? – Haben Sie denn nichts gemerkt? – Haben Sie das denn nicht gewußt? – Hat man Ihnen das denn nicht gesagt?

3. *gereizt oder verärgert ist:*

Zum Donnerwetter! Was ist denn hier los? – Was ist denn das für ein Krach? – Warum kommen Sie denn erst heute? – Konnten Sie mir das denn nicht gleich sagen? – Wieso fällt Ihnen das denn erst heute ein? – Haben Sie das denn noch nicht begriffen? – Ist der Brief denn noch nicht getippt? – Wann wollen Sie die Rechnung denn endlich bezahlen? – Wie oft soll ich Ihnen denn das noch sagen? – Sind Sie denn verrückt geworden? – Sind Sie denn von allen guten Geistern verlassen? – Was fällt Ihnen denn ein, mich mitten in der Nacht anzurufen? – Wie kommen Sie denn dazu, Ihren Chef zu fragen, wieviel Geld er verdient?

C: *Folgende Modalwörter erscheinen in Fragen und lassen erkennen, welche Antwort der Fragende erwartet.*

1. Können Sie mich gut verstehen?	„*Ja*" oder „*Nein*"
2. Sie wissen das *doch* sicher?	*Ja, natürlich.*
3. Haben Sie das *etwa* vergessen? Sie haben das *doch nicht etwa* vergessen?	*Nein, natürlich nicht.*
4. Wissen Sie das *etwa nicht*?	*Doch, natürlich.*

Übungen

a) *Wie heißt die Frage, wenn Sie die Antwort „ja, natürlich" erwarten?*

1. Kommen Sie heute abend?
2. Können Sie mir sagen, wann der nächste Zug nach München fährt?
3. Können Sie mir sagen, wo hier in der Nähe ein Hotel ist?
4. Sind Sie mit meinem Vorschlag einverstanden?
5. Hat Ihnen der Film auch gefallen?
6. Darf ich noch eine Tasse Kaffee für Sie bestellen?
7. Ist es Ihnen recht, wenn ich Sie heute abend anrufe?
8. Wissen Sie schon, daß Herr Müller geheiratet hat?
9. Begleiten Sie mich noch ein Stück?
10. Besuchen Sie uns mal in unserer neuen Wohnung?
11. Haben Sie unseren neuen Direktor schon gesehen?
12. Soll ich sie auch von Ihnen grüßen?
13. Haben Sie ein Telefon?
14. Sind Sie schon einmal in Galway gewesen?
15. Haben Sie die heutige Zeitung schon gelesen?

b) *Wie heißt die Frage, wenn Sie die Antwort „nein, natürlich nicht" erwarten?*

1. Haben Sie ihm das schon gesagt?
2. Wollen Sie allein ins Gebirge fahren?
3. Haben Sie das meiner Frau erzählt?
4. Wollen Sie schon wieder verreisen?
5. Wollen Sie mir dieses Blech als Gold verkaufen?
6. Wollen Sie schon nach Hause gehen?
7. Wollen Sie sich schon wieder einen neuen Anzug machen lassen?
8. Sind Sie schon bei ihm gewesen?
9. Haben Sie Ihren Paß zu Hause gelassen?
10. Ist er denn schon wieder betrunken?

c) *Wie heißt die Frage, wenn Sie die Antwort „doch, natürlich" erwarten?*

1. Kennen Sie ihn schon?
2. Habe ich recht?
3. Haben Sie schon mit ihr darüber gesprochen?
4. Wollen Sie noch länger hier bleiben?
5. Haben Sie etwas gemerkt?
6. Ist Ihnen jemand begegnet?
7. Gefällt Ihnen Ihr Zimmer?
8. Ist Ihnen das klar?
9. Machen Sie sich Gedanken darüber?
10. Machen Sie Fehler?

IX. Zur Temporalangabe

In der deutschen Sprache wird *Zeit* im wesentlichen auf zwei Weisen festgelegt:

1. durch *Zeitskalen:*

1900	1901	1902	1903	1904	1905	1906	1907	1908	1909	1910

Mein Vater wurde 1902 geboren.

2. durch *symmetrische Zeitsysteme:*

A: Zentrum ist der Augenblick der Mitteilung:

vor 10 Tagen	jetzt	*in* 10 Tagen
○ ←———	○	———→ ○

Vor 10 Tagen bin ich hier angekommen.

In 10 Tagen reise ich weiter.

B: Zentrum ist ein gegebener Zeitpunkt, der nicht mit dem Augenblick der Mitteilung zusammenfällt:

10 Tage *vorher*	am 1. März 1928	10 Tage *danach*
○ ←———	○	———→ ○

10 Tage vorher war ich dort angekommen.

10 Tage danach reiste ich weiter.

Beispiele zu 2.A:

←——— rückblickend   vorausschreitend ———→

vorgestern	gestern	heute	morgen	übermorgen
vorvorige Woche	vorige Woche vergangene Woche letzte Woche	diese Woche	nächste Woche kommende Woche	übernächste Woche
vorvorigen Monat	vorigen Monat vergangenen Monat letzten Monat	diesen Monat	nächsten Monat kommenden Monat	übernächsten Monat
vorvoriges Jahr	voriges Jahr vergangenes Jahr letztes Jahr	dieses Jahr	nächstes Jahr kommendes Jahr	übernächstes Jahr

rückblickend ← → vorausschreitend

	am gestrigen Tag	am heutigen Tag	am morgigen Tag	
in der vorvorigen Woche	in der vorigen Woche in der vergangenen Woche in der letzten Woche	in dieser Woche	in der nächsten Woche in der kommenden Woche	in der übernächsten Woche
im vorvorigen Monat	im vorigen Monat im vergangenen Monat im letzten Monat	in diesem Monat	im nächsten Monat im kommenden Monat	im übernächsten Monat
im vorvorigen Jahr	im vorigen Jahr im vergangenen Jahr im letzten Jahr	in diesem Jahr	im nächsten Jahr im kommenden Jahr	im übernächsten Jahr
	im vorigen Jahrzehnt im vergangenen Jahrzehnt	in diesem Jahrzehnt	im nächsten Jahrzehnt im kommenden Jahrzehnt	
	im vorigen Jahrhundert im vergangenen Jahrhundert	in diesem (unserem) Jahrhundert	im nächsten Jahrhundert im kommenden Jahrhundert	

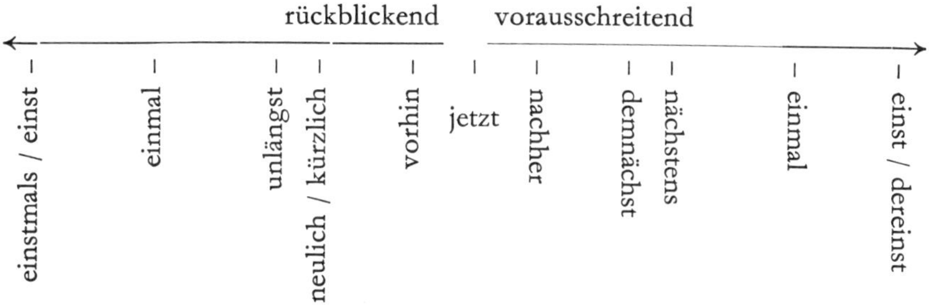

- Das Feld ist folgendermaßen gegliedert: Die Abstände bis *unlängst* bzw. *nächstens* werden als kurz empfunden. Daher sind nur bis zu diesen Abständen Verbindungen mit *erst* bzw. *schon* möglich:
  erst unlängst, erst kürzlich, erst neulich, erst vorhin;
  schon nachher, schon demnächst, schon nächstens.

- *Vorhin* und *nachher* bezeichnen Abstände im Bereich zwischen Minuten und mehreren Stunden:
  Ich habe das *vorhin* schon angedeutet.
  Ich komme *nachher* noch einmal auf diesen Punkt zurück.

- *Kürzlich* und *demnächst* liegen in einem Abstandsbereich zwischen mehreren Tagen und wenigen Wochen:
  Ich habe *kürzlich* mit Herrn Müller darüber gesprochen.
  Sie sehen diesen Film *demnächst* in diesem Theater.

- Was hat es mit der Konkurrenz von *kürzlich* und *neulich* auf sich?
  Im Gegensatz zu *kürzlich* hat *neulich* stark assoziativen Charakter (vgl. Duden, Band 8, S. 411).
  Als Unterton schwingt die Frage mit: Weißt du noch? Du erinnerst dich doch noch?
  Du erinnerst dich doch noch, was für ein Betrieb das *neulich* war, als das neue Café eröffnet wurde.
  Demgegenüber kommt es bei *kürzlich* nur auf den Abstand vom „Jetzt" an:
  Kürzlich hat in Perú eine Militärjunta die Regierung übernommen.
  Aber wohl kaum:
  *Neulich hat in Perú eine Militärjunta die Regierung übernommen.

- *Unlängst* und *nächstens* deuten auf einen Abstand im Bereich zwischen Wochen und wenigen Monaten hin:
  Diese Straße ist erst *unlängst* dem Verkehr übergeben worden.
  Wir fahren *nächstens* wieder hin.

- *Demnächst* und *nächstens* haben nicht nur die Funktion reiner Abstandsbezeichnungen, sondern können auch die Vorstellung ausdrücken „es wird noch so weit kommen“:
  Demnächst (*nächstens*) werden noch die Putzfrauen im Mercedes vorfahren.

- *Einmal* / *einmal* verweist auf Abstände von Jahren oder Jahrzehnten:
  In meiner Jugend habe ich *einmal* eine Reise nach Schweden gemacht.
  Vielleicht bereut er das (noch) *einmal*.

- Die Paare *einst* / *einst* und *einstmals* / *dereinst* sind nicht mit den gleichen Vorstellungen verbunden. *Einst* / *einst* bezieht sich lediglich auf einen weiten Zeitabstand:
  Einst haben die Kerle auf den Bäumen gehockt. (Kästner)
  Einst wird kommen der Tag, an dem die heilige Ilios hinsinkt.
  Demgegenüber legt *einstmals* / *dereinst* einen Vergleich mit den gegenwärtigen Zuständen nahe:
  Jetzt so, *einstmals* anders.
  Jetzt so, *dereinst* anders.
  Wo jetzt nur Ruinen zu sehen sind, stand *einstmals* eine der blühendsten griechischen Kolonien.
  Noch zählen die meisten südamerikanischen Staaten zu den Entwicklungsländern. Aber *dereinst* werden sie zu den wichtigsten Wirtschaftsmächten der Erde gehören.

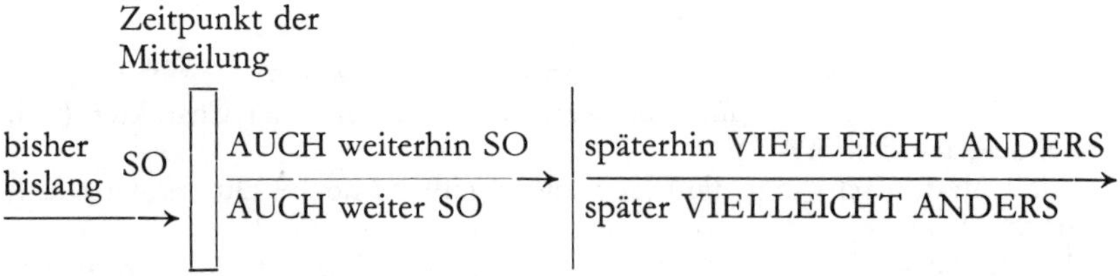

Bisher (*bislang*) ist das Bruttosozialprodukt um jährlich 5 bis 6% gestiegen.	Die Optimisten rechnen damit, daß das *auch weiterhin so* bleibt.	*Späterhin* wird die Zuwachsrate sicher ein wenig abnehmen.
Bisher (*bislang*) haben einmal im Monat Arbeitsbesprechungen stattgefunden.	Das wollen wir zunächst *auch weiter so* halten.	*Später* müssen wir *vielleicht* zu wöchentlichen Arbeitssitzungen übergehen.

Beispiele zu 2.B:

rückblickend ← → vorausschreitend

an dem diesem vorangegangenen Tag	am vorhergehenden Tag	an dém Tag	am darauffolgenden Tag	an dem dann folgenden Tag
in der dieser vorangegangenen Woche	in der vorhergehenden Woche	in dér Woche	in der darauffolgenden Woche	in der dann folgenden Woche
in dem diesem vorangegangenen Monat	im vorhergehenden Monat	in dém Monat	im darauffolgenden Monat	in dem dann folgenden Monat
in dem diesem vorangegangenen Jahr	im vorhergehenden Jahr	in dém Jahr	im darauffolgenden Jahr	in dem dann folgenden Jahr
in dem diesem vorangegangenen Jahrzehnt	im vorhergehenden Jahrzehnt	in dém Jahrzehnt	im darauffolgenden Jahrzehnt	in dem dann folgenden Jahrzehnt
in dem diesem vorangegangenen Jahrhundert	im vorhergehenden Jahrhundert	in dém Jahrhundert	im darauffolgenden Jahrhundert	in dem dann folgenden Jahrhundert

rückblickend ← → vorausschreitend

lange Zeit vorher	längere Zeit vorher	kurze Zeit vorher	kurze Zeit danach	längere Zeit danach	lange Zeit danach
		einige Zeit vorher	einige Zeit danach		

kurze Zeit zuvor	kurze Zeit darauf
einige Zeit zuvor	einige Zeit darauf

bis dahin SO →	zunächst auch weiter SO	auch noch später SO später dagegen ANDERS
Bis dahin hatte er eng mit ihm zusammengearbeitet.	Das blieb *zunächst auch weiter so*,	bis es *später* zum endgültigen Bruch zwischen beiden kam.

Übungen

a) Setzen Sie die Sätze ins Perfekt (Präteritum) und suchen Sie die entsprechende Temporalangabe!

Beispiel:

Er besucht uns *morgen.*
Er hat uns *gestern* besucht.

1. Herr Müller reist *übermorgen* ab.
2. *In der kommenden Woche* sind 2 Feiertage.
3. Ich sage ihm *nachher* Bescheid.
4. *In einem Jahr* schließt er sein Studium ab.
5. Wir sehen diesen Film *demnächst* im Palast-Kino.
6. *Nächstens* fahre ich in den Schwarzwald, um meine Schwester zu besuchen.
7. *In den nächsten Jahrzehnten* werden erhebliche Schwierigkeiten auftreten.
8. Der Zug fährt *gleich* ab.
9. *In naher Zukunft* werden die Preise nochmals steigen.
10. Diese Dinge werden *dereinst* eine große Rolle spielen.
11. *In ferner Zukunft* wird man ganz anders leben als heute.
12. Diese Gebiete werden *bald* vom Wasser überflutet sein.
13. Wir wollen auch *weiterhin* freundschaftlich zusammenarbeiten.
14. *Von heute an* gilt der neue Fahrplan.
15. *Von jetzt an* werde ich vorsichtiger fahren.

b) Beziehen Sie die folgenden Sätze auf einen Zeitpunkt, der nicht mit dem Augenblick der Mitteilung zusammenfällt!

Beispiel:

Gestern haben wir noch davon gesprochen.
Tags zuvor hatten wir noch davon gesprochen.

1. *Morgen* kommt er zurück.
2. *Nächste Woche* fahre ich an die See.
3. *Nachher* kommt mein Freund.
4. *Nächstens* werden Wahlen stattfinden.
5. Ich habe erst *neulich* mit ihm darüber gesprochen.

6. Das ist schon *vor vielen Jahren* diskutiert worden.
7. Er wird *bald* zum Priester geweiht.
8. Ich werde mich auch *weiterhin* eingehend mit dieser Frage beschäftigen.
9. *Von jetzt an* gibt es keine Schwierigkeiten mehr.
10. *Bis heute* hat er mir kein Wort davon gesagt.
11. *In Zukunft* werden wir solche Fehler nicht mehr machen.
12. *Bislang* ist alles gut verlaufen.
13. *Im vorigen Monat* ist das Geschäft aufgelöst worden.
14. Ich werde *übermorgen* operiert.
15. Der Zug ist *soeben* eingelaufen.
16. Wir haben uns *vorgestern* verabredet.
17. *In der Vergangenheit* kannte man solche Schwierigkeiten nicht.
18. Dieses Geschäft ist erst *vor kurzer Zeit* eröffnet worden.
19. *Heute* geht mir alles schief.

X. Konjunktionen und satzverbindende Adverbien

1. *Grund* (Kausalität)

A: Konjunktionen:

Der Sprechende gibt den Grund von sich aus an: „Wir machen unsere Besorgungen, *denn* morgen wird zu Hause ein Fest sein, außerordentlicher sogar als jedes andere Fest: ein Maskenball." (Heinrich Mann)

Der Sprechende setzt voraus, daß der Grund selbstverständlich oder dem Zuhörer bekannt ist: „*Da* in der exakten Wissenschaft alle Begriffe auf Sinneseindrücke zurückgehen, so bezieht sich auch der Inhalt aller wissenschaftlichen Ergebnisse in letzter Linie nur auf die Sinnenwelt . . ." (Max Planck)
Da Sie *ja* bereits über alles unterrichtet sind, können wir über diesen Punkt schnell hinweggehen.

Der Sprechende knüpft an einen schon genannten Grund an: Und weil all diese Fragen nicht genügend durchdacht sind, bin ich nicht bereit, mich auf dieses Unternehmen einzulassen.

Der Sprechende antwortet auf eine Frage: „Warum (weswegen, weshalb, aus welchem Grund) haben Sie mich nicht noch am selben Abend angerufen?" – „*Weil* ich Sie zu so später Stunde nicht mehr stören wollte."

B: Kausaladverbien:

Die Dinge sind noch nicht genügend erforscht; *darum* (*daher*, *deswegen*, *deshalb*) können wir noch keine genauen Angaben machen.
oder: ...; wir können *daher* noch keine genauen Angaben machen.

C: Wendungen mit dem Substantiv *Grund*:

Das ist der tiefere *Grund*, *weshalb* alle bisherigen Versuche zum Scheitern verurteilt waren.
Aus diesem Grund (*aus all diesen Gründen*) kann ich Ihren Antrag nicht unterstützen.

2. *Folge* (Konsequenz)

A: *So* (*derartig*) steht vor einem Adjektiv oder Adverb, von dem der Komparativ gebildet werden kann; der Gliedsatz beginnt mit *daß*.

Hans ist *so* (*derartig*) schüchtern, *daß* er keinen Fremden anzusprechen wagt.
Er lief *so* schnell, *daß* es unmöglich war, ihn einzuholen.

B: Der Gliedsatz beginnt mit der Konjunktion *so daß*, wenn von dem vorausgehenden Adjektiv kein Komparativ gebildet werden kann.

Er ist seit mehreren Jahren *arbeitslos*, *so daß* er auf Arbeitslosenunterstützung angewiesen ist.

C: Vor einem Substantiv steht *solch-* oder *derartig-*; der Gliedsatz beginnt mit *daß*.

Er hatte *solche* (*derartige*) Kopfschmerzen, *daß* er zu keiner Arbeit mehr fähig war.

D: In den unter A bis C genannten Fällen gebraucht man auch den Konjunktiv II.

> A: Hans ist *so* (*derartig*) schüchtern, *daß* er es nie *wagen würde*, einen Fremden anzusprechen (so ratsam das auch manchmal wäre).
> Wir fahren jetzt *so* schnell, *daß* wir bei Gefahr nicht mehr rechtzeitig *bremsen könnten* (selbst wenn wir es versuchten).
>
> B: Er war *ledig*, *so daß* er die Stelle in Brasilien sofort *hätte übernehmen können* (wenn er das gewollt hätte).
>
> C: Ich hatte *solche* (*derartige*) Angst, *daß* ich kein Wort *herausgebracht hätte* (auch wenn ich es versucht hätte).

E: Steht vor einem Adjektiv oder Adverb, von dem der Komparativ gebildet werden kann, das Wort *zu*, so beginnt der Gliedsatz mit der Konjunktion *als daß*; das Verb im Gliedsatz steht im Konjunktiv II.

Hans ist *zu* schüchtern, *als daß* er es *wagen würde*, einen Fremden anzusprechen.
Er lief *zu* schnell, *als daß* es uns noch *möglich gewesen wäre*, ihn einzuholen.

F: Andere Bezeichnungsmittel:

Die Zollschranken zwischen Deutschland und Frankreich sind gefallen; *infolgedessen* muß die deutsche Landwirtschaft mit erhöhter französischer Konkurrenz rechnen.

Die Verhandlungen wurden ergebnislos abgebrochen; *die Folge* (*davon*) *war*, *daß* sich die Spannungen weiter verschärften.

3. *Gegensätzlichkeit*

A: Konjunktionen:

Während Herr Müller alles sehr skeptisch aufnimmt, ist Frau Müller sehr leichtgläubig.
Oder: Herr Müller nimmt alles sehr skeptisch auf, *während* Frau Müller sehr leichtgläubig ist.
Aber nur: Herr Müller nimmt alles sehr skeptisch auf, *wohingegen* Frau Müller sehr leichtgläubig ist.

B: Folgende Adverbien stehen nach dem Subjekt des zweiten Satzes:

Der Süden des Landes ist arm, der Norden *dagegen* (*hingegen*, *jedoch*, *aber*) gehört zu den reichsten Gebieten Europas.

C: *Demgegenüber* oder *im Gegensatz zu*... leitet den zweiten Satz ein:

Der Süden des Landes ist arm, *demgegenüber* gehört der Norden zu den reichsten Gegenden Europas.
Frau Müller ist sehr leichtgläubig; *im Gegensatz zu ihr* nimmt Herr Müller alles sehr skeptisch auf.

4. *Art und Weise*

A: Wie macht man das? / Wie bewerkstelligt man das?

Wie bereitet man Kaffee zu? – *Indem* man Kaffeepulver mit kochendem Wasser übergießt.
Wie stellt man fest, ob eine mehrstellige Zahl durch drei teilbar ist? – *Indem* man die Quersumme bildet und zusieht, ob sie ohne Rest durch drei teilbar ist.

B: Wie konnte das geschehen? / Wie konnte es dazu kommen? / Wie ist es dazu gekommen?

Wie ist es zu diesem Preissturz gekommen? – *Dadurch daß* eine ausländische Firma ganz plötzlich ihre Waren auf den deutschen Markt geworfen hat.
Zu dem Zusammenstoß ist es *dadurch* gekommen, *daß* bei dem Lastwagen die Bremsen versagten.

C: Auf welchem Wege? / Mit welchen Mitteln?

Wie könnte das Problem gelöst werden? – Das Problem ist nur *dadurch* (nur *so*) zu lösen, *daß* man zu drastischen Maßnahmen greift.
Dieses Ziel ist nur *dadurch* zu erreichen, *daß* alle Kräfte zusammengefaßt werden.
Vielleicht könnte man ihm *dadurch* helfen, *daß* man ihm nochmals einen Kredit gewährt.

5. *Bedingung:*

A: Der Sprechende nimmt zum Wahrscheinlichkeitsgrad des in der Bedingung genannten Sachverhalts nicht Stellung:

Wenn unsere Kunden ihre Schulden nicht sofort bezahlen, müssen wir den Bankrott anmelden.
Wenn ich morgen Zeit habe, *dann* komme ich mal bei dir vorbei.
„Ich liebe dich, mich reizt deine schöne Gestalt;
und bist du nicht willig, *so* brauch' ich Gewalt." (Erlkönig)

B: Sogenannte „irreale Bedingung":

Wenn es meiner Frau hier gefiele, { blieben wir noch länger hier. / würden wir noch länger hier bleiben. }
Wenn ich das gewußt hätte, / Hätte ich das gewußt, } wäre ich nicht gekommen.

C: Der Sprechende kennzeichnet den in der Bedingung genannten Sachverhalt als möglich:

Falls er es vergessen *sollte*, erinnern Sie ihn bitte daran.
Falls er schon mit dem Abendzug kommen *sollte*, werde ich es ihm noch heute abend sagen.
Sollte ich noch heute Bescheid bekommen, *so* rufe ich Sie sofort an.
Wenn ich noch heute abend Bescheid bekommen *sollte*, *dann* rufe ich Sie sofort an.

D: Einschränkung auf bestimmte Voraussetzungen:

Ich komme *nur*, *wenn* Sie mich einladen.
Ich kann Ihnen die Waren *nur dann* abnehmen, *wenn* sie sofort lieferbar sind.
Nur wenn man mich dazu auffordert, werde ich meinen Standpunkt darlegen.
Ich kann den Vertrag *nur unter der Bedingung* annehmen, *daß* der letzte Paragraph gestrichen wird.

E: Auch aus einer Verwirklichung der Bedingung ergeben sich keine entsprechenden Folgen:

Selbst (*auch*) *wenn* er ausnahmsweise die Wahrheit sagt, glaubt ihm kein Mensch mehr.
Selbst (*auch*) *wenn* ich keinen Bescheid bekomme, fahre ich morgen früh los.

Irreal: Die Verwirklichung der Bedingung ist ausgeschlossen. Aber auch aus ihrer Verwirklichung ergäben sich keine entsprechenden Folgen:

Selbst (*auch*) *wenn* ich Millionär wäre, würde ich mir keinen Straßenkreuzer anschaffen.

Selbst (*auch*) *wenn* Sie sich früher angemeldet hätten, wären Sie heute nicht mehr an die Reihe gekommen.

F: Bis auf einen Punkt sind alle Bedingungen erfüllt:

Er wird es schaffen, *wenn* er *nur* will.
Wenn er sich *nur* etwas anstrengt, wird er sein Ziel mühelos erreichen.

Irreal: Bis auf einen Punkt wären alle Bedingungen erfüllt:

Es wäre ja alles gut, *wenn* er *nur* nicht so eigensinnig wäre.
Wenn er sich *nur* etwas mehr auf Menschenbehandlung verstünde, wäre er der ideale Mann für diesen Posten.

XI. Modalverben + Infinitiv I bzw. Infinitiv II

1. Modalverb + Infinitiv I

Präsens	Ich muß viel	lernen	
Präteritum	Ich mußte viel	„	
Perfekt	Ich habe viel	„	müssen
Plusquamperfekt	Ich hatte viel	„	müssen

Präsens	Die Straße muß	verbreitert	werden	
Präteritum	Die Straße mußte	„	„	
Perfekt	Die Straße hat	„	„	müssen
Plusquamperfekt	Die Straße hatte	„	„	müssen

Das Modalverb tritt hier in vier Zeitformen auf, dem Präsens, Präteritum, Perfekt und Plusquamperfekt; alle Zeitformen sind mit dem *Infinitiv I* verbunden.

Dieser Formtyp wird verwendet, wenn zum Ausdruck kommen soll, daß der beschriebene Sachverhalt in einem bestimmten Zeitpunkt tatsächlich vorliegt bzw. vorgelegen hat.

Beispiele mit Perfekt-/Plusquamperfektformen des Modalverbs:

Hans *hat* beim Arzt drei Stunden warten *müssen.*
Ich *habe* nicht mit ihm persönlich darüber sprechen *können.*
Der Termin *hat* leider nicht eingehalten werden *können.*
Sie *hatten* mir doch Briefmarken mitbringen *sollen.*
Ich *habe* nicht mitgehen *dürfen.*
Ich habe nicht bei Ihnen geklingelt, weil ich Sie nicht *habe* stören *wollen.*

Bei diesem Formtyp treten häufig Konjunktiv II-Formen auf:

Etwas geschieht (wahrscheinlich) nicht, *müßte*, *könnte*, *sollte* aber (eigentlich) geschehen; etwas ist zu einem bestimmten Zeitpunkt nicht geschehen, *hätte* aber geschehen *müssen*, *können*, *sollen.*
Etwas geschieht, *dürfte* aber eigentlich *nicht* geschehen; etwas ist zu einem bestimmten Zeitpunkt geschehen, *hätte* aber *nicht* geschehen *dürfen.*

Beispiele mit Konjunktiv II-Formen des Modalverbs:

Eigentlich *müßte* ich Sie jetzt anzeigen.
Eigentlich *hätte* ich Sie damals anzeigen *müssen.*
Könnten Sie ihr nicht ein bißchen helfen?
Sie *hätten* ruhig auch einmal etwas tun *können*, anstatt alle Arbeit ihr zu überlassen.
Sie *sollten* sofort zum Arzt gehen, mit so etwas ist nicht zu spaßen.
Sie *hätten* sofort zum Arzt gehen *sollen*, jetzt ist es zu spät.
Solch grobe Fehler *dürften* Ihnen eigentlich *nicht* mehr unterlaufen.
Solch grobe Fehler *hätten* Ihnen *nicht* mehr unterlaufen *dürfen.*

2. Präsens/Präteritum des Modalverbs + Infinitiv I/Infinitiv II

Präsens	Er muß	schon zu Hause sein schon nach Hause gekommen sein
Präteritum	Er mußte	schon zu Hause sein schon nach Hause gekommen sein

Präsens	Die Straße muß wohl	verbreitert werden verbreitert worden sein
Präteritum	Die Straße mußte wohl	verbreitert werden verbreitert worden sein

Dieser Formtyp tritt auf,

A: wenn der Sprechende aus bestimmten Gegebenheiten *Schlüsse* zieht (*müssen, können, dürfen*):

In Pauls Zimmer brennt Licht.	(Ich *schließe* daraus: Er ist zu Hause.) Er *muß* also zu Hause *sein*. (Ich *schließe* daraus: Er ist schon nach Hause gekommen.) Er *muß* also schon nach Hause *gekommen sein*.
In Pauls Zimmer brannte Licht.	(Ich *schloß* daraus: Er ist zu Hause.) Er *mußte* also zu Hause *sein*. (Ich *schloß* daraus: Er ist schon nach Hause gekommen.) Er *mußte* also schon nach Hause *gekommen sein*.
Telegramme brauchen von hier bis Hamburg in der Regel nicht länger als drei Stunden.	Also *müßte* mein Telegramm noch vor Büroschluß dort *gewesen sein*.
Er war während unseres Gesprächs im Nebenzimmer.	Er *kann/könnte* also *gehört haben*, was wir planen.
Er ist doch verreist.	Er *kann* es also *nicht gewesen sein*, der Sie sprechen wollte.
Die Zahl der Charterflüge geht seit einiger Zeit zurück.	Der Flugtourismus *dürfte* seinen Höhepunkt also bereits *überschritten haben*.

B: wenn der Sprechende etwas zugesteht oder zumindest nicht in Abrede stellt (*mögen*):

Mein Schwager betont bei jeder Gelegenheit: „Ich verstehe viel von Geschichte.	Von Geschichte *mag* er ja etwas *verstehen*, aber von Naturwissenschaften hat er keine Ahnung.
Im Laufe der Zeit habe ich mir auf diesem Gebiet umfangreiche Kenntnisse angeeignet.“	Er *mag sich* umfangreiche Geschichtskenntnisse *angeeignet haben*, von Naturwissenschaften dagegen versteht er so gut wie nichts.

C: wenn der Sprechende den Inhalt eines *Gerüchts* oder einer *Behauptung* referiert (*sollen, wollen*):

Man sagt (man erzählt sich, man munkelt, es heißt, es geht das Gerücht): „Der Bankangestellte Krause	Der Bankangestellte Krause *soll* 30.000 Mark *unterschlagen haben* und *sich* jetzt im Ausland *aufhalten*.

hat 30.000 Mark unterschlagen und hält sich jetzt im Ausland auf.“	
Der Angeklagte gibt an (behauptet, gibt vor, will das Gericht glauben machen), er wisse von einer derartigen Abmachung nichts.	Der Angeklagte *will* von einer derartigen Abmachung nichts *wissen.* Der Angeklagte *will* von einer derartigen Abmachung nie etwas *gehört haben.*

D: wenn der Sprechende eine eigene frühere Äußerung nachträglich ungeschehen machen möchte (*wollen*, *mögen*) oder wenn gesagt werden soll, daß jemand für die Folgen seines Tuns nicht einstehen will (*wollen*):

Ich halte diese Maßnahme für völlig verfehlt.	Aber ich *will/möchte nichts gesagt haben.*
Das kann ja gar nicht gutgehen.	Und wenn dann etwas passiert, *will es* wieder *keiner gewesen sein.*

E: wenn der Sprechende aus dem Jetzt heraus fordert, daß etwas bereits geschehen sein *muß*, *müßte*, *sollte* bzw. *nicht* geschehen sein *darf*, *dürfte*:

Es erscheint/erschiene mir notwendig, daß jeder einmal so etwas erlebt hat.	Jeder *muß/müßte* einmal so etwas *erlebt haben.*
Es ist wohl nicht zuviel verlangt, wenn man erwartet, daß es nun auch der Dümmste begriffen hat.	Nun *sollte* es auch der Dümmste *begriffen haben.*
In Anbetracht der möglichen Folgen darf es einfach nicht wahr sein, daß er das gesagt hat.	Das *darf* er doch gar *nicht gesagt haben.*
Eigentlich ist es nicht in Ordnung, daß bei der neuen Maschine der Walzendruck innerhalb eines Jahres um bereits 15% nachgelassen hat.	So erheblich *dürfte* der Walzendruck innerhalb eines Jahres eigentlich *nicht nachgelassen haben.*

F: wenn gesagt werden soll, daß für etwas bestimmte Voraussetzungen bestehen müssen oder daß jemand für etwas bestimmte Voraussetzungen erfüllt haben muß:

Wer an einer deutschen Universität studieren will, *muß* im Besitz eines Reifezeugnisses *sein.*
Wer an einer deutschen Universität studieren will, *muß* das Abitur *gemacht haben.*
Mitarbeiter, die sich um diesen Posten bewerben wollen, *sollen* langjährige Auslandserfahrung nachweisen *können.*

Bewerber für diesen Posten *sollen* praktische Erfahrungen im Auslandsdienst *erworben haben.*

Wer in der Abschlußprüfung die Note „sehr gut" erreichen will, *darf nicht* mehr als drei Fehler *machen.*

Wer in der Abschlußprüfung die Note „sehr gut" erreichen will, *darf nicht* mehr als drei Fehler *gemacht haben.*

G: wenn gesagt werden soll, was (bis) zu einem gegebenen Zeitpunkt geschehen soll bzw. bereits geschehen sein soll:

morgen nachmittag um 17 Uhr	Morgen nachmittag um 17 Uhr *müssen* die Anträge *vorliegen.* Die Anträge *müssen* vor/bis 17 Uhr *eingegangen sein*; anderenfalls können sie nicht mehr bearbeitet werden.
gestern nachmittag um 17 Uhr	Gestern nachmittag um 17 Uhr *mußten* die Anträge *vorliegen.* Die Anträge *mußten* vor/bis 17 Uhr *eingegangen sein.* Zu spät eingegangene Anträge können nicht mehr bearbeitet werden.
morgen abend	Wenn alles gutgeht, *kann* ich das bis morgen abend *erledigen.* Wenn alles gutgeht, *kann* ich das schon bis morgen abend *erledigt haben.*
nächste Woche	Wir *sollen* die Vorarbeiten bis nächste Woche *abschließen.* Wir *sollen* die Vorarbeiten bereits nächste Woche *abgeschlossen haben.*
30. April	Bis zum 30. April *dürfen* die Aufwendungen eine Summe von höchstens 2 Millionen Mark *erreichen.* Unter keinen Umständen *darf* der genannte Betrag vorher *überschritten worden sein.*
31. Dezember	Am 31. Dezember *will* (*möchte*) ich 10.000 Mark auf meinem Sparkonto *haben.* Bis dahin *will* (*möchte*) ich 10.000 Mark *gespart haben.*

XII. Können – kennen – erkennen – kennenlernen – wissen

a)

1. Wir haben ihn sofort an seiner Stimme .... .
2. Wir .... uns schon seit unserer Schulzeit.
3. Das Foto ist so unscharf, daß man kaum etwas .... kann.
4. Wenn so etwas noch einmal vorkommt, dann sollen Sie mich .... .
5. Ich habe mich sehr für Sie eingesetzt; hoffentlich .... Sie das zu schätzen.
6. Dieser alte Genießer .... zu leben.
7. Wir haben uns erst vor einem Jahr auf einem Ball .... .
8. Wer nicht mit Leuten umgehen ...., kommt für diesen Posten nicht in Frage.
9. Leider .... wir erst viel zu spät, daß es so nicht ging.
10. .... Sie Chinesisch?
11. Wie viele deutsche Wörter muß man ...., wenn man deutsche Zeitungen verstehen will?
12. .... Sie denn die starken Verben immer noch nicht?
13. Leider habe ich Sie in der Dunkelheit nicht .... .
14. Ich .... ihn noch nicht gut genug, um mir ein Urteil über ihn erlauben zu können.
15. .... Sie, wann Herr Dr. Müller Sprechstunde hat?
16. Ich .... dieses Buch sehr genau, ich .... sogar einige Kapitel auswendig.
17. Um über die Struktur der deutschen Sprache sprechen zu ...., muß man sie schon sehr genau .... .
18. Eingestellt werden nur Bewerber, die fließend Englisch .... .
19. Sie .... doch München gut; da .... Sie doch sicher, welche Straßenbahn zum Deutschen Museum fährt.
20. .... du vielleicht, von wem er das ....?

b)

21. Wenn Sie eine Fremdsprache wirklich .... wollen, müssen Sie mehrere Jahre in dem Land leben, wo sie gesprochen wird.
22. Es war so dunkel, daß die Umrisse der Gegenstände kaum zu .... waren.
23. Wenn du Wert darauf legst, sie ...., bin ich gern bereit, dich ihr vorzustellen.
24. Ich .... diesen Schriftsteller nur dem Namen nach.(Ich .... ihn nur vom Hörensagen.)
25. Ich .... ihn noch nicht näher, wir haben uns nur ganz flüchtig .... .
26. Er war als Zirkusclown verkleidet und gab sich während des ganzen Abends nicht zu .... .
27. Erst in der Not .... man den wahren Freund.

28. Als Christ .... er keinen Unterschied zwischen Hoch und Niedrig.
29. Während einer längeren Studienreise hatte er Gelegenheit, die Probleme der irischen Landwirtschaft näher .... .
30. Er wurde von allen Seiten bedrängt, so daß er weder aus noch ein .... .
31. Kaum hatte die Regierung die Gefahr ...., da griff sie auch schon zu harten Gegenmaßnahmen.
32. Ich .... selbst seine geheimsten Pläne.
33. Er sieht aus, als ob er nicht bis drei zählen .... .
34. Von wem .... Sie das? – Ich .... das aus sicherer Quelle.
35. Anscheinend haben die Ärzte die Krankheit nicht rechtzeitig .... .
36. Solange wir die näheren Umstände nicht ...., sollten wir in unserem Urteil sehr vorsichtig sein.
37. Schade, daß Sie mir das erst heute sagen. Das hätte ich früher .... sollen.
38. Ihn kann man nicht überzeugen; er will alles besser .... .
39. Nur kritisieren! Das ist aber auch alles, was er .... .
40. Welche Arbeit soll ich ihm denn anvertrauen? Er .... doch nichts.

c)

41. Er ließ uns seine Absichten niemals .... .
42. Was! Herr Müller will kündigen? Davon .... ich ja noch gar nichts.
43. Heute nachmittag will ich mein Klavier stimmen. – .... Sie das denn?
44. Dieses Buch .... ich in- und auswendig.
45. Er .... sich in jeder Situation zu helfen.
46. Wir haben Herrn Müller mit dieser Aufgabe betraut; wir .... ihn seit Jahren als zuverlässigen Mitarbeiter.
47. Was soll ich denn noch tun? Ich .... mir keinen Rat mehr.
48. Seine Wagner-Verehrung .... keine Grenzen.
49. Wenn sie etwas durchsetzen will, fängt sie an zu weinen. Das .... ich schon.
50. Soviel ich ...., stammt dieser Schriftsteller aus Dresden.
51. Wie ich ihn ...., ist er für so etwas nicht zu haben.
52. Machen Sie sich keine Sorgen! Ich werde Sie das rechtzeitig .... lassen.
53. Diese Sorgen werden Sie auch noch ...., wenn Sie erst mal Kinder haben.
54. Woran können Sie ...., daß es morgen schön wird?
55. Sie .... genau, was sie will.
56. Kannst du ...., was dort auf dem Schild steht?
57. Er arbeitet wie eine Maschine, er .... keine Müdigkeit.
58. Er .... die Chance, die sich ihm bot, und griff zu.
59. Bei dieser Gelegenheit habe ich ihn von einer ganz neuen Seite .... .
60. .... jemand von Ihnen Klavier spielen?

XIII. Wortschatzerweiterung (Verben)

Sicher kennen Sie das Substantiv *Bezug*. Wissen Sie auch, wie das Verb heißt, mit dem sich dieses Substantiv verbindet?
Ich .... Bezug .... Ihr gestriges Schreiben. *(nehme, auf)*
Unterscheiden Sie in den folgenden Übungen zwischen festen Verbindungen (auf etwas *Bezug nehmen*, jemandem etwas *zur Last legen*) und Verbindungen aus einem Substantiv und einem treffenden Verb (jemandem eine Bitte *vortragen*, eine Bitte an jemanden *haben*, eine Bitte *aussprechen*).

Übungen

a)

1. Der Sprecher der Opposition .... heftige Kritik .... Maßnahmen der Regierung.
2. Diese Firma .... im In- und Ausland einen guten Ruf.
3. Kaum hatte die Polizei den ersten Schuß ...., da .... die Putschisten auch schon die Flucht.
4. Das Parlament .... diesen Beschluß einstimmig.
5. Die Bundesrepublik .... Handel mit allen südamerikanischen Staaten.
6. Die Lösung dieser Frage dürfte keine großen Schwierigkeiten .... .
7. Ohne staatliche Genehmigung dürfen sie diesen Beruf nicht .... .
8. Er .... seinen Beruf .... und widmete sich ausschließlich schriftstellerischen Arbeiten.
9. Mein Sohn hat in seiner letzten Mathematikarbeit nur zwei Fehler .... .
10. Ich glaube, Sie .... einen großen Fehler, wenn Sie Ihre Aktien gerade jetzt verkaufen.
11. Ihre Argumente sind so stichhaltig, daß man sie kaum wird .... können.
12. Die Witwe .... einen Antrag .... Erhöhung ihrer Rente.
13. Die Bundesrepublik .... diplomatische Beziehungen .... Sowjetunion.
14. Sie haben den Vertrag unterschrieben, und nun müssen Sie ihn auch .... .
15. Auf den Präsidenten der Vereinigten Staaten wurde ein Attentat .... .
16. Sein Benehmen hat bei uns einen sehr schlechten Eindruck .... .
17. Die französische Literatur hat zu allen Zeiten einen großen Einfluß .... deutsche Literatur .... .
18. Die Regierung sah sich gezwungen, harte Maßnahmen zu .... .
19. Dem Dolmetscher ist ein bedauerlicher Übersetzungsfehler .... .
20. Der Präsident muß bei seinem Amtsantritt einen Eid .... Verfassung .... .

b)

21. Der Botschafter .... dem Präsidenten einen Besuch .... .
22. Ich muß unbedingt eine Tablette ...., ich kann die Schmerzen nicht länger .... .
23. Ich hatte den Eindruck, daß er mir mit dieser Frage eine Falle .... wollte.
24. In diesem Semester wird Professor Panzer eine Vorlesung über Irland .... .
25. Die Forschergruppe beabsichtigt, eine Forschungsreise in das Himalajagebiet zu .... .
26. Wenn morgen schönes Wetter ist, ... wir einen Ausflug.
27. Der Meteorologe .... die Behauptung ...., er könne das Wetter mit 100%-iger Sicherheit voraussagen.
28. Er war nicht für Halbheiten und .... immer ganze Arbeit.
29. Herr Meier soll Selbstmord .... haben.
30. Herr Meier soll sich das Leben .... haben.
31. Das Visum ist vom irischen Konsulat .... worden.
32. Das Rätsel, das Sie mir .... haben, kann ich nicht .... .
33. Es ist fraglich, ob dieser Plan .... werden kann.
34. Der Minister .... eine aufsehenerregende Rede.
35. Die Bundesrepublik hat mit fast allen Nachbarländern Kulturabkommen .... .
36. In seiner Freizeit .... er Sprachstudien.
37. Plötzlich .... die Frau einen gellenden Schrei .... .
38. Ich habe noch nicht gewagt, ihm diese Frage zu .... .
39. Manche Geologen .... die Meinung, daß in diesem Gebiet mit Erdölfunden gerechnet werden kann.
40. Schon jetzt werden Vorbereitungen für den Ernstfall .... .

c)

41. Mir ist nicht bekannt, ob solche Überlegungen schon .... worden sind; ich hielte das jedoch für wünschenswert.
42. Der Professor .... die Vermutung ...., daß diese Krankheit auf falsche Ernährung zurückzuführen sei.
43. Ein Mitglied .... den Wunsch, daß der Punkt auf die Tagesordnung gesetzt wird.
44. Laute Verwünschungen ...., verließ er den Raum.
45. Dem Beamten wurde von seiner vorgesetzten Dienststelle ein strenger Verweis .... .
46. Der Empfänger hat die Annahme der Sendung .... .
47. Mit dieser Kritik will ich seine Verdienste nicht .... .
48. Durch Artilleriebeschuß .... die Kompanie schwere Verluste.
49. Ich bin nicht bereit, die Verantwortung für diese Maßnahmen zu .... .
50. Er ließ sich durch meine Fragen nicht aus der Ruhe .... .

51. Wo wollen Sie Ihren nächsten Urlaub ....?
52. Ich warne Sie, daraus voreilige Schlüsse zu .... .
53. Bitte, ... Sie mich jetzt in Ruhe!
54. Auf diese Weise werden Sie Ihr Ziel wohl nie .... .
55. Diese Veröffentlichung .... großes Aufsehen.
56. Wir hoffen, daß wir Ihren Auftrag zu Ihrer Zufriedenheit .... haben.
57. Ich will tun, was ich kann, aber ich kann sicher nicht alle Ihre Wünsche .... .
58. Er .... ein hohes Amt im Außenministerium.
59. Im Augenblick ist das alles noch eine Vermutung, ich hoffe aber, Ihnen bald die Beweise .... zu können.
60. Der Patient wurde sofort ins nächste Krankenhaus .... .
61. Bitte, ... Sie das Formular .... und schicken Sie es an unsere Dienststelle zurück.
62. Alle Bewerbungen sind schriftlich bei uns .... .
63. Der Bundeskanzler hat dem Redakteur des „Spiegel" ein Interview .... .
64. Ich glaube nicht, daß Sie aus diesen Geschäftsverbindungen großen Nutzen .... werden.

d)

65. Die erhöhten Rohstoffpreise machen es erforderlich, die Preise aller unserer Erzeugnisse .... .
66. Er .... jede Gelegenheit, die sich ihm ...., beim Schopfe.
67. Ich konnte die Arbeit allein nicht mehr .... und war gezwungen, Personal .... .
68. Die deutschen Interessen in diesem Land werden zur Zeit vom Botschafter der Französischen Republik .... .
69. Einen Plan ...., ist viel leichter als ihn .... .
70. Diese Arbeit .... hohe Anforderungen an die Arbeitskräfte.
71. Man sollte diesen Äußerungen keine allzu große Bedeutung .... .
72. Ich .... größten Wert .... Feststellung, daß ich mit diesem Mann weder verwandt noch identisch bin.
73. Ich soll Ihnen Grüße von meiner Frau .... .
74. Es fällt mir sehr schwer, ihn zu verstehen. Aber auch ihm gelingt es nicht, sich in meine Lage zu .... .
75. Das Publikum .... lang anhaltenden Beifall.
76. Mit diesen Maßnahmen werden Sie nur Kritik .... .
77. Um meine Familie zu sichern, habe ich eine Lebensversicherung .... .
78. Der Bundeskanzler wird morgen vor dem Bundestag eine Regierungserklärung .... .
79. Die Rede wird von allen deutschen Sendern .... .
80. In meiner Schule wurde der Religionsunterricht vom Pfarrer .... .
81. Als ich Student war, hatte ich nie Geld. Ich mußte Privatstunden .... .

82. Diese Bestimmungen .... nicht den Zweck, die Bewegungsfreiheit der Unternehmer .... .
83. Ich beabsichtige, bei der Volksbank ein Konto zu .... .
84. Ich habe leider kein Geld bei mir, aber ich .... schnell einen Scheck ....; den können Sie jederzeit bei der Volksbank .... .

e)

85. Der Arzt hat mir Tabletten ...., die ich sofort in der Apotheke besorgen soll.
86. Unsere Unsicherheit .... ihm sichtlich großes Vergnügen.
87. Wie wir erfahren haben, ... der Bundespräsident morgen einen großen Empfang zu Ehren des hohen Gastes.
88. Mein Wagen .... Ihnen selbstverständlich jederzeit zur Verfügung.
89. Nach vierzigjähriger Amtszeit ist Direktor Meier gestern in den Ruhestand .... .
90. Ich würde nie einer politischen Partei .... .
91. Es dürfte schwierig sein, hier eine klare Entscheidung zu .... .
92. Von dort zweigten fünf Wege ab, so daß wir nicht wußten, welche Richtung wir .... sollten.
93. Ich .... Ihnen folgenden Vorschlag: „Gehen wir zu mir und diskutieren wir dort weiter.“
94. Der Architekt .... uns mehrere Vorschläge, die alle nicht unseren Vorstellungen .... .
95. Man hat ihm oft den Vorwurf ...., er habe seine Absichten nicht klar genug erkennen lassen.
96. Dem General wurde ein hoher Orden .... .
97. Er wurde mit einer Aufgabe ...., der er sich nicht gewachsen .... .
98. Gleich zu Beginn der Sitzung .... der Präsident das Wort.
99. Er .... ein geruhsames Leben.
100. Bei diesem Treffen .... unsere Truppen eine schwere Niederlage.
101. Von diesem Schriftstück müssen wir mindestens 10 Kopien .... .
102. Ich gehe nur schnell zur Post, um ein Telegramm .... .
103. Der Bundeskanzler hat mit Präsident de Gaulle den Termin für ein neues Treffen .... .
104. Trotz des guten Willens aller Beteiligten konnte in wichtigen Punkten keine Einigung .... werden.

XIV. Das Fugen- „s“ nach femininen Bestimmungswörtern in Wortzusammensetzungen

Feminine Substantive haben im Genitiv Singular nie die Endung -s. Das „s“, das in Wortzusammensetzungen nach bestimmten femininen Substantiven auftritt, bezeichnet man als Fugen-„s“. Es steht nach

1. Substantiven auf *-ung*:

das Empfehlung*s*schreiben
der Zeitung*s*stand
die Meinung*s*verschiedenheiten
die Bildung*s*lücke
die Unterhaltung*s*musik
die Währung*s*reform
die Regierung*s*koalition
die Entwicklung*s*hilfe
die Wohnung*s*not
hoffnung*s*los / -voll
unternehmung*s*lustig
versicherung*s*pflichtig

In Verbindung mit einem Partizip Präsens wird das Substantiv auf *-ung* manchmal als Akkusativ empfunden. Man vergleiche:

leistung*s*steigernd
meinung*s*bildend
verdauung*s*fördernd
richtungweisend
achtunggebietend

2. Substantiven auf *-heit*:

der Sicherheit*s*rat der UN
die Anwesenheit*s*liste
das Krankheit*s*symptom
das Gewohnheit*s*recht
der Gesundheit*s*zustand
die Freiheit*s*statue
der Seltenheit*s*wert
der Gelegenheit*s*kauf
die Einheit*s*preise
die Hoheit*s*gewässer
freiheit*s*liebend

3. Substantiven auf *-keit*:

der Gerechtigkeit*s*sinn
der Flüchtigkeit*s*fehler
der Minderwertigkeit*s*komplex
die Wahrscheinlichkeit*s*rechnung
der Schwierigkeit*s*grad
der Kleinigkeit*s*krämer
der Heiterkeit*s*erfolg
die Geschwindigkeit*s*begrenzung
der Tätigkeit*s*bericht
wirklichkeit*s*fremd / -nah

4. Substantiven auf *-schaft*:

das Wirtschaft*s*wunder
das Botschaft*s*gebäude
der Rechenschaft*s*bericht
die Gemeinschaft*s*sendung

der Landschaft*s*maler
das Gesellschaft*s*spiel
der Bereitschaft*s*dienst
der Gewerkschaft*s*funktionär
leidenschaft*s*los
die Wirtschaft*s*wissenschaftliche Fakultät

5. Substantiven auf *-ion*:

die Opposition*s*partei
die Explosion*s*gefahr
die Pension*s*kasse
der Religion*s*lehrer
die Position*s*lichter

die Produktion*s*mittel
der Redaktion*s*schluß
das Desinfektion*s*mittel
sensation*s*lüstern
tradition*s*los

Aber: das Generation*en*problem

6. Substantiven auf *-tät*:

die Relativität*s*theorie
der Universität*s*professor
das Elektrizität*s*werk
die Rentabilität*s*grenze

die Qualität*s*unterschiede
die Majestät*s*beleidigung
das Fakultät*s*siegel
die Universität*s*stadt

Aber: der Nationalität*en*staat,
der Rarität*en*sammler,
das Kuriosität*en*kabinett

7. Die Substantive auf -ung, -heit, -keit, -schaft, -ion und -tät sind Ableitungen und damit mehrgliedrige Wörter:

wohn-en	Wohn-ung
krank	Krank-heit
schwierig	Schwierig-keit
bereit	Bereit-schaft
lat. trad-ere	trad-i-tio (deutsch: Tradition)
lat. qual-i-s	qual-i-tas (deutsch: Qualität)

Vergleichen Sie dazu auch die folgenden Zusammensetzungen:

eingliedrige Bestimmungswörter	*zweigliedrige Bestimmungswörter*
die Schuldverschreibung schuldbewußt, schuldlos	die Unschuld*s*miene der Unschuld*s*engel
der Fluchtversuch	der Zuflucht*s*ort
die Machtprobe	der Ohnmacht*s*anfall
die Fahrtkosten	das Vorfahrt*s*recht, der Zufahrt*s*weg, die Abfahrt*s*zeit

das Weltbild
die Weltpolitik

die Nachtruhe
der Nachtwächter
der Nachttisch

das Zeitalter, die Zeitschrift
zeitlos

die Schriftprobe, das Schriftzeichen, der Schriftgelehrte

die Tatsache, das Tatmotiv

die Sichtgrenze
die Sichtweite

das Allerweltʃwort
der Allerweltʃkerl

der Weihnachtʃbaum
der Weihnachtʃmann
die Mitternachtʃsonne

die Hochzeitʃgäste, der Hochzeitʃschmaus, das Hochzeitʃgeschenk

vorschriftʃmäßig, unterschriftʃberechtigt

die Straftatʃmerkmale

die Ansichtʃsache, der Aussichtʃturm, die Vorsichtʃmaßregeln, die Übersichtʃkarte, rücksichtʃvoll, einsichtʃvoll

der Einfaltʃpinsel

das Auskunftʃbüro, die Zukunftʃmusik, der Ankunftʃtag, das Herkunftʃland

der Andachtʃraum, andachtʃvoll

der Tobsuchtʃanfall

die Geduldʃprobe, der Geduldʃfaden, das Geduldʃspiel

der Geburtʃtag, der Geburtʃort, das Geburtʃjahr, das Geburtʃdatum

der Anstaltʃleiter, die Anstaltʃinsassen

die Heiratʃpolitik, der Heiratʃschwindler, die Heiratʃurkunde, heiratʃlustig

das Armutʃzeugnis

demutʃvoll

das Arbeitʃamt, der Arbeitʃeifer, arbeitʃlos, arbeitʃscheu, arbeitʃfähig (aber: der Arbeitgeber, der Arbeitnehmer)

8. Ferner findet man ein Fugen-„s“ bei folgenden femininen Substantiven auf *-e:*

die Liebe	der Lieb*es*brief, der Lieb*es*kummer, die Lieb*es*gabe, der Lieb*es*dienst, das Lieb*es*leben, die Lieb*es*ehe (aber: lieb*e*voll – lieblos, der Liebreiz)
die Hilfe	der Hilf*s*arbeiter, der Hilf*s*kreuzer, das Hilf*s*verb, die Hilf*s*-linie, das Hilf*s*mittel, die Hilf*s*schule, die Aushilf*s*kraft, hilf*s*bereit (aber: hilflos, hilfreich; das Hilf*e*angebot, die Hilf*e*stellung, der Hilf*e*ruf, hilf*e*suchend)
die Miete	die Miet*s*kaserne, das Miet*s*haus (aber: die Mieterhöhung, die Mietzahlung; mit dem Verb-stamm: der Mietwagen, die Mietwohnung)
die Geschichte	der Geschicht*s*lehrer, der Geschicht*s*unterricht (aber: der Geschicht*en*erzähler)
die Ausnahme	ausnahm*s*los, ausnahm*s*weise (aber: in Ausnahm*e*fällen)
die Teilnahme	teilnahm*s*los (aber: die Teilnahm*e*bedingungen)
die Herberge	der Herberg*s*vater

XV. Das Wortfeld SEHEN

Die Verben

anblicken, anschauen, sich etwas anschauen, ansehen, sich etwas ansehen, äugen, beobachten, beschauen, besehen, sich etwas besehen, besichtigen, betrachten, blicken, erblicken, gaffen, gewahr werden, glotzen, gucken, lugen, mustern, schauen, sehen, spähen, starren, stieren,

die zum Wortfeld *sehen* gehören, lassen sich folgendermaßen ordnen:

1. *Etwas gerät ins Blickfeld:*

Plötzlich:	Kaum hatte er uns erblickt, da lief er auch schon auf und davon.
Wahrnehmen und Bewußtwerden:	Noch bevor er meiner gewahr wurde, war ich auf und davon.
Allmählich:	Wir sahen ihn langsam auf uns zu kommen.

2. *Reihe mit zunehmender Intensität:*

Er blickte kaum hin. – Er sah zu mir herüber. – Er schaute uns nach. – Er lugte aus seinem Versteck hervor. – Der Türmer spähte angestrengt in die Nacht hinaus. – Er starrte wie gebannt durch die Scheibe.

3. *Physiognomisches:*

Das Mädchen guckte neugierig aus dem Fenster. – Er äugte verschmitzt hinter dem Baum hervor. – Sie gafften uns entgeistert an. – Er glotzte mich verständnislos an. – Der Betrunkene stierte stumpfsinnig vor sich hin.

4. *Haltung gegenüber einer Person:*

Er blickte mich fragend an. – Er sah mich hilfesuchend an. – Er schaute mich herausfordernd an. – Er musterte mich kritisch (ungeniert).

5. Jemand mustert einen Gegenstand oder eine Person im Hinblick auf

Brauchbarkeit: Ich muß mir das Zimmer erst mal ansehen (anschauen), bevor ich es miete. [Auf Menschen bezogen, haben diese Verben etwas Herabwürdigendes: Den werde ich mir jetzt mal ansehen (anschauen). Wenn er einen guten Eindruck macht, stelle ich ihn ein.]

Wirkung / Ausmaß: Sie stand vor dem großen Spiegel und besah sich von allen Seiten. – Bevor ich ein Gutachten abgeben kann, muß ich mir den Schaden genauer besehen. – Bei Lichte besehen, war alles halb so schlimm, wie wir befürchtet hatten.

Einwandfreie Beschaffenheit: Er arbeitet als Fleischbeschauer im städtischen Schlachthof.

6. *betrachten / beobachten / besichtigen*

Man betrachtet etwas, was in sich ruht:
Er betrachtete einen alten Kupferstich.

Man beobachtet etwas, was sich bewegt oder abläuft:
Der Zoologe beobachtet seit Jahren das Leben der Bienen. – Er wurde zur Beobachtung ins Krankenhaus eingeliefert. – Er beobachtete jede Bewegung auf der Straße.

Man besichtigt etwas, was wegen seiner Ausdehnung zur Bewegung zwingt:
Wir besichtigten das neue Bürohaus.
Die Ausländer wurden zu einer Stadtbesichtigung eingeladen.

Schlüssel

I. Lokaler Gebrauch der Präpositionen

Seite 6/7, Übung a)

1. in der
2. auf der
3. am
4. in den
5. aufs; an die; ins
6. in
7. auf
8. in diesem (in dem)
9. auf diesem (auf dem)
10. am
11. aufs
12. ins
13. auf diesem
14. in diesem
15. am (an seinem)
16. auf dem
17. in einer
18. an einer
19. von der
20. auf die
21. an die
22. von der
23. auf das (aufs)
24. in diesem (in dem)
25. auf
26. in

Seite 7/8, Übung b)

27. aus diesem (aus dem)
28. bei
29. aus
30. nach; in die
31. aus; von
32. an der
33. in; zur (an die)
34. in diesem (in dem)
35. am
36. an der; auf der
37. am
38. auf dem; auf dem
39. in diesem
40. in den
41. am
42. an eine (an die)
43. am
44. aus einer; am
45. im
46. an der
47. von der
48. an der
49. an der; in der; am
50. am; in der
51. am
52. am
53. auf die

Seite 8/9, Übung c)

54. auf dieser (auf der); in diesem (in dem)
55. auf diesem
56. am
57. auf dem
58. am
59. in
60. am
61. an die
62. auf dem
63. an einem
64. auf dem
65. in diesem (in dem)
66. an den
67. von zu
68. bei diesem
69. in diesem (in dem)
70. am
71. bei
72. an einem; in die
73. am; in
74. an der
75. in der
76. an der
77. auf der
78. in eine (in die)
79. aus einer (aus der)
80. von der
81. bei
82. bei
83. zu
84. bei

II. Satzbau und Intonation am Beispiel einfacher Satztypen

Seite 10, Übung a)

1. Ich habe sofort ein Telegramm aufgegeben.
2. Er macht leider immer noch Fehler.

3. Der Minister hat schon seit langem eine Reise nach Italien (eine Italienreise) geplant.
4. Der Professor hält heute abend in der Volkshochschule einen Vortrag.
5. Ich habe im letzten Kurs drei Bücher gelesen.
6. Unser Lehrer will uns morgen noch einmal eine Geschichte vorlesen.
7. Wir wollen im kommenden Jahr kein Zimmer (mehr) vermieten.
8. Ich darf vor dem Schlafengehen keinen starken Kaffee trinken.
9. Der Architekt hat schon vor zwei Jahren einen aufsehenerregenden Plan entworfen.
10. Die Sekretärin muß sofort nach ihrem Eintreffen im Büro drei wichtige Briefe tippen.
11. Wir haben in der gestrigen Sitzung interessante Neuigkeiten erfahren.
12. Ich habe neulich in einem Café einen Japaner getroffen.
13. Wir haben erst gestern nähere Einzelheiten erfahren.
14. Er hat trotz aller Warnungen neue Verpflichtungen übernommen.

Seite 11, Übung b)

1. Er stellte gleich zu Beginn der Tagung einen sehr heiklen Punkt zur Diskussion.
   Er stellte diesen Punkt gleich zu Beginn der Tagung zur Diskussion.
2. Der Wirt hat gestern abend drei Betrunkene vor die Tür gesetzt.
   Der Wirt hat den Betrunkenen unverzüglich vor die Tür gesetzt.
3. Er hat vor ein paar Tagen mehrere Mitarbeiter vor die Wahl gestellt, sich mit einer Gehaltskürzung abzufinden oder zu gehen.
   Er hat diesen ausgezeichneten Mitarbeiter vor ein paar Tagen vor die Wahl gestellt, sich mit einer Gehaltskürzung abzufinden oder zu gehen.
4. Ich habe diese Aussagen schon immer in Zweifel gezogen.
5. Er hat uns alle durch seine Unvorsichtigkeit in Gefahr gebracht.
6. Ich habe solche Möglichkeiten nie in Betracht gezogen.
7. Sie sollten das unter keinen Umständen außer acht lassen.
8. Der Diskussionsleiter konnte die Diskussion trotz aller seiner Bemühungen nicht in Gang bringen.
9. Der Abteilungsleiter stellte den Verdächtigen sogleich zur Rede.
10. Die Regierung will alle Beteiligten in einem Untersuchungsverfahren zur Verantwortung ziehen.
11. Wir haben solche Schwierigkeiten von Anfang an in Rechnung gestellt.
12. Man stellte diesen Verbrecher sofort nach Abschluß der Ermittlungen vor Gericht.
13. Die Rebellen stellten alle Gefangenen kurzerhand an die Wand.
14. Er brachte diese Frage immer wieder aufs Tapet.
15. Wann bringen Sie das Essen endlich auf den Tisch?

Seite 12/13, Übung c)

1. Dieser spannende Kriminalfilm ist gestern im Ebersberger Kino gezeigt worden.
   Gestern ist im Ebersberger Kino ein spannender Kriminalfilm gezeigt worden.

2. Die Straße zwischen Ebersberg und München soll nächstes Jahr verbreitert werden.
   Nächstes Jahr soll zwischen Ebersberg und München eine neue Straße gebaut werden.
3. Dieses Visum ist am 10. Februar im Brasilianischen Konsulat ausgestellt worden.
   Heute sind im Brasilianischen Konsulat viele Einreisevisa ausgestellt worden.
4. Diese Fabrikanlagen sollen vor kurzem an eine amerikanische Firma verkauft worden sein.
   Vor kurzem soll ein großes Fabrikgelände östlich von München an eine amerikanische Firma verkauft worden sein.
5. Dieses Bild ist Ende des 18. Jahrhunderts gemalt worden.
   Ende des 18. Jahrhunderts sind viele Bilder dieser Art gemalt worden.
6. Der Produktionsplan für das nächste Jahr muß sofort ausgearbeitet werden.
   Schon jetzt muß ein Produktionsplan für die darauffolgenden Jahre ausgearbeitet werden.
7. Diese Büromaschinen werden seit einiger Zeit in einer Fabrik in Norddeutschland hergestellt.
   Seit einiger Zeit werden in dieser Fabrik auch Büromaschinen hergestellt.
8. Die „Süddeutsche Zeitung“ wird von vielen Leuten in Süddeutschland gelesen.
   Gegenwärtig werden in allen Teilen Europas mehr Zigaretten als Zigarren geraucht.
9. Die Möbel, die Sie bestellt haben, können leider erst nächste Woche geliefert werden.
   Wegen eines Transportarbeiterstreiks können zur Zeit keine Möbel nach Norddeutschland geliefert werden.
10. Der Betrag ist meinem Vater sofort ausgezahlt worden.
    Demnächst wird meinem Vater eine größere Summe ausgezahlt.
    (Meinem Vater wird demnächst eine größere Summe ausgezahlt.)

III. Perfektbildung mit sein und haben

Seite 15, Übung a)

1. ist . . . gegangen – hat . . . überquert
2. ist . . . eingetreten – hat . . . eingetreten
3. ist eingetreten – hat . . . betreten
4. ist . . . ausgebrochen – hat . . . ausgebrochen
5. ist . . . getreten – hat . . . getreten
6. ist gestolpert und hingeschlagen – hat . . . geschlagen
7. ist entgleist und umgestürzt – haben . . . umgestürzt
8. ist vorgefahren – hat . . . vorgefahren
9. ist . . . nicht eingegangen – hat . . . begangen
10. ist nicht angesprungen – hat . . . angesprungen
11. ist . . . gezogen – hat . . . gezogen

12. ist . . . ausgezogen – hat . . . ausgezogen
13. ist . . . eingezogen – hat . . . eingezogen und ist auf und davongelaufen
14. sind . . . gezogen – hat . . . gezogen
15. ist . . . gerudert – hat . . . gerudert
16. bin . . . gefahren – hat . . . überfahren

Seite 16, Übung b)

17. ist . . . angelaufen – hat . . . angelaufen
18. ist . . . angefahren – hat . . . angefahren
19. sind . . . verlaufen – hat sich verlaufen
20. sind . . . vorgerückt – hat . . . gerückt
21. sind . . . geflogen – hat . . . geflogen
22. sind . . . gestoßen – hat . . . gestoßen
23. ist . . . gerannt – hat . . . gerannt
24. sind . . . ausgerissen – hat . . . gerissen
25. ist . . . gerollt – hat . . . gerollt
26. sind . . . umgekehrt – hat . . . umgekehrt
27. ist . . . getreten, ist . . . übergetreten – hat . . . übertreten
28. sind ausgefahren – hat . . . ausgefahren
29. ist . . . eingefahren – haben . . . eingefahren
30. ist . . . eingerückt – hat . . . eingerückt
31. ist . . . abgefahren – haben . . . abgefahren

Seite 17/18, Übung c)

1. erblindet
2. erkrankt
3. verarmt
4. verstummt
5. errötete
6. vergilbt
7. erlahmt
8. erwacht
9. aufgewacht (gehoben: erwacht)
10. verödet
11. verblaßt
12. erblaßte
13. verfault
14. verdummt
15. veralten
16. vermorscht
17. ausgetrocknet
18. eingetrocknet
19. vertrocknen; verdorren
20. verwelkt
21. erstarrten
22. gesundet; erstarkt
23. erkaltet

Seite 18/19, Übung d)

1. verendet
2. verschimmelt
3. verkalkt
4. verstädtert
5. vereist
6. verrostet
7. verschlammt
8. vertierte
9. versandet
10. versteppt
11. zerbröckelt
12. verlandet
13. vergreist
14. verwaist
15. verkohlt
16. versumpft
17. zersplittert
18. verschmutzt
19. verkarstet
20. gealtert
21. versteinert

Seite 20, Übung e)

1. ist . . . niedergebrannt
2. sind . . . verbrannt
3. ist abgebrannt
4. ist . . . verglüht
5. verklungen ist
6. sind verhallt
7. ausgebrannte
8. versiegt ist
9. genesen ist
10. ist . . . erfroren

IV. Verb + Akkusativobjekt oder feste Verbindung aus Verb und Akkusativ

Seite 21, Übung a)

1. Nein, ich habe noch nicht Kaffee getrunken. – Um Gottes willen! Er darf doch keinen starken Kaffee trinken. – Ich möchte jetzt keinen Kaffee. Bestellen Sie für mich bitte ein Glas Tee. – Nein, bei der Firma habe ich keinen Kaffee bestellt. – Vielen Dank. Aber ich möchte jetzt noch nicht Kaffee trinken. – Na, hören Sie mal! Ich hab doch Ihren Kaffee nicht getrunken.
2. Nein, ich kann nicht Bridge spielen. – Ich habe das As noch nicht ausgespielt. – Ich spiele nicht gern Skat; ich verstehe nichts vom Kartenspielen. – Das wäre ja noch schöner! Meine Schüler dürfen im Unterricht nicht Karten spielen.
3. Nein, ich habe das Auto noch nicht in die Garage gefahren. – Ich kann nicht Auto fahren.
4. Soviel ich weiß, wird er keine Klaviersonate von Beethoven spielen. – Ich? Nein, ich kann nicht Klavier spielen. – Ich habe dieses Stück noch nie gespielt.
5. Ich kann dieses Wort nicht richtig aussprechen. – Wie könnte ich diese Frage mit „ja“ beantworten? Ich beherrsche die deutsche Sprache nicht. – Ich spreche keine afrikanische Sprache. – Nein, ich spreche nicht Gälisch. – Nein, ich kann nicht Deutsch.
6. Ich hab' die Nachrichten noch nicht gehört. Gibt's was Besonderes? – Nein, ich habe den Wetterbericht nicht gehört. – Ich höre nicht gern Radio. – Danke, ich möchte jetzt nicht Radio hören.
7. In diesem Winter bin ich noch nicht Schlitten gefahren. – Nein, ich habe Ihren neuen Schlitten noch nicht gesehen.
8. Ich fahre nicht Rad. Das ist mir in einer Großstadt wie München zu gefährlich. – Ich kann Sie leider nicht zum Bahnhof fahren.
9. Ich kann nicht Schach spielen, dazu bin ich zu dumm. – Nein, ich möchte keine Partie mehr spielen. – Es tut mir leid, ich kann diese Partie nicht zu Ende spielen. – Ich habe noch nie eine Meisterpartie nachgespielt.
10. Nein, ich kann nicht Schi fahren. – Ich kann Ihre Schier leider nicht ins Hotel bringen. – Ich brauche in diesem Winter keine neuen Schier. – Gut, daß Sie mich daran erinnern; ich habe meine Schier noch nicht gewachst.
11. Ich möchte natürlich nicht Gefahr laufen, alles zu verlieren. – Nein, darin sehe ich keine Gefahr für Sie. – Auch ich kann diese Gefahr nicht abwenden.

Seite 21/22, Übung b)

12. Nein, Herr Müller raucht nicht Pfeife. – Herr Müller hat die neue Pfeife noch nicht angeraucht. – Nein, ich werde ihm keine Pfeife schenken.
13. Nein, er hat ihm noch nicht Bericht erstattet. – Er hat ihm keinen Bericht darüber zugehen lassen. – Er hat den Bericht sicher noch nicht gelesen.
14. Nein, er hat ihm nicht die Stange gehalten; er ist zur Gegenpartei übergegangen. – Ich kann sie nicht mehr halten.
15. Hier darf man nicht Schlittschuh laufen. – Schade, daß ich meine Schlittschuhe nicht mitgebracht habe. – Hier kann man sicher keine Schlittschuhe kaufen.
16. Der Kleine ist noch nicht Karussell gefahren. – Nein, ich habe das große Karussell noch nicht gesehen. – Ich habe noch nie ein so schönes Karussell gegesehen.
17. Wer hat denn das behauptet? Die Firma hat nicht Bankrott gemacht. – Auch ich habe den Bankrott nicht vorausgesehen.
18. Ihr braucht noch nicht Schluß zu machen. Ich habe gerade mit dem Wirt gesprochen. – Ich kenne den Schluß des Romans nicht.
19. Wer behauptet denn das! Er macht ihr doch nicht den Hof. – Ich bin sicher, daß er ihr die Hausaufgaben nicht gemacht hat.
20. Wahrscheinlich hat man ihm noch nicht den Prozeß gemacht. – Ich habe den Prozeß nicht genau verfolgt. – Ich habe mich dazu durchgerungen, keinen Prozeß gegen ihn anzustrengen.
21. Nein, wir machen noch nicht Feierabend. – Ich kann den heutigen Abend nicht zu Hause verbringen.
22. Bitte, spielen Sie diesmal nicht den Unschuldigen.
23. Ich weigere mich, dort vorbeizugehen; ich will doch nicht Spießruten laufen.
24. Er hat mir noch nicht Bescheid gegeben. – Ich habe meinen Steuerbescheid noch nicht bekommen.

Seite 22, Übung c)

1. sind ... Schlitten gefahren
2. hat ... gefahren
3. ist ... Karussell gefahren
4. hat ... gefahren
5. hat ... wundgelaufen
6. sind ... Schlittschuh gelaufen
7. ist ... Motorboot gefahren
8. hat ... zurückgefahren
9. sind ... Rollschuh gelaufen

V. Negation und Einschränkung

Seite 26/27, Übung a)

1. nur; erst
2. nicht mehr; erst
3. schon; noch nicht; erst
4. nur; erst; nur
5. noch nie

6. nicht mehr (nie mehr)
7. erst; nur
8. nicht mehr; erst
9. erst; schon
10. erst
11. noch nicht
12. noch niemand
13. noch keinen
14. nicht mehr
15. noch nicht; noch keinen

Seite 27/28, Übung b)

16. erst; nur
17. noch keine
18. keine ... mehr
19. erst; nur
20. erst
21. noch nichts; nur
22. erst; schon
23. erst
24. erst
25. schon etwas
26. erst
27. erst
28. erst
29. nichts mehr
30. noch nie

VI. Darstellung von Fortbewegungen

Seite 30, Übung a)

1. herunterzuholen
2. hinein
3. hervor
4. heraus
5. dahin
6. hinweg
7. heran
8. her
9. hin
10. hingeben (hergeben)
11. herauszugeben
12. hinwegsetzen
13. hinstellen
14. hergestellt
15. hinweglesen
16. hinweg
17. hervor
18. heraus
19. herauskommen
20. herausgefordert
21. hinaus
22. hineinreden (dreinreden)
23. hinaus
24. hin
25. hinwegsehen

Seite 30/31, Übung b)

26. heraufgesetzt
27. herabgesetzten
28. herabsetzen
29. herausbekommen
30. heraus
31. hinan
32. heran
33. herabwürdigen
34. hindurch
35. hineingesteckt; herausgesprungen
36. her
37. hinzuhalten
38. hineingezogen
39. herein
40. heran
41. hergeholt
42. hersagen
43. herbei
44. herein
45. hinzufügen
46. hinzu
47. herbeigezogen
48. hinaus
49. hinübergewechselt
50. daher

Seite 31/32, Übung c)

51. hinhaut; hinschlägt
52. hinreichend
53. hinzunehmen
54. hinaufschrauben
55. hergelaufenen
56. hinwerfen
57. hin
58. hinüber
59. herein
60. hinein
61. her
62. weithin
63. herhalten
64. herangetreten

VII. Zum Gebrauch von ES

Seite 34/35, Übung a)

1. Daß er zu diesem Zeitpunkt noch gelebt hat, ist ziemlich wahrscheinlich.
2. Daß er es in diesem Beruf weit gebracht hätte, wäre durchaus denkbar.
3. Daß dieser Plan keine Zustimmung finden wird, ist so gut wie sicher.
4. Daß bei der Ausführung des Plans noch unvorhergesehene Schwierigkeiten auftreten, ist leicht möglich.
5. Daß der Plan gut durchdacht war, steht außer Zweifel.
6. Ob wir auf dem richtigen Weg sind, wird sich noch zeigen.
7. Ob das die richtige Methode ist, ist fraglich.
8. Ob diese Methode zum Erfolg führen wird, ist mehr als zweifelhaft.
9. Ob man nicht doch einen Fachmann zu Rate ziehen sollte, wäre (nunmehr ernsthaft) zu erwägen.
10. In einer Rakete durch den Weltraum zu fliegen und von aller Welt abgeschnitten zu sein, muß ein eigenartiges Gefühl sein.
11. Daß sie sich große Mühe gegeben hat, ist nicht zu bestreiten.
12. Mit welcher Klarheit dieser Politiker die kommende Entwicklung vorausgesehen hat, ist bewundernswert.
13. Warum er das getan hat, ist mir unverständlich.
14. Wie er das alles geschafft hat, ist mir immer noch nicht klar.
15. Wieso er ausgerechnet auf diesen Gedanken verfallen ist, wird immer ein Rätsel bleiben.
16. Mit welchen Mitteln Sie Ihr Ziel erreichen wollen, ist mir völlig gleichgültig.
17. Wie Sie so etwas tun konnten, ist mir unbegreiflich.
18. Wer ihm Einsicht in die Geheimakten gewährt hat, bleibt noch zu klären.
19. Gegen alle anzukämpfen, ist doch völlig aussichtslos.
20. Wie er sich benimmt, ist einfach skandalös.
21. Auf welche Weise es zu diesem Kompromiß gekommen ist, ist bemerkenswert.
22. Daß er in wenigen Monaten so viel erreicht hat, ist erstaunlich.
23. Auf welchem Weg er ins Ausland gelangt ist, ist bis heute ungeklärt.
24. Die Dinge neu zu überdenken, ist unbedingt erforderlich.
25. Woran das gelegen hat, ist nicht mehr festzustellen.
26. Darauf besonders hinzuweisen, scheint mir notwendig.
27. Diesen Punkt anzuschneiden, ließ sich nicht vermeiden.

Seite 35/36, Übung b)

1. Zu solchen Mitteln zu greifen, hielte ich für sehr bedenklich.
2. Ihm das zu verschweigen, halte ich nicht für richtig.
3. Solche Behauptungen aufzustellen, halte ich für sehr gewagt.
4. Daß diese Maßnahmen gerade jetzt eingeleitet werden, halte ich für ungünstig.
5. Ihm das immer wieder vorzuhalten, halte ich für unangebracht.
6. Das Gespräch auf diesen Punkt zu lenken, habe ich stets vermieden.

7. Mit dieser Geschichte in Verbindung gebracht zu werden, konnte ich nicht vermeiden.
8. In München seinen alten Professor zu besuchen, versäumt er nie.
9. Diese alten Geschichten immer wieder aufzuwärmen, verabscheue ich.
10. Mich von Ihren Ansichten überzeugen zu wollen, sollten Sie endlich aufgeben.
11. Daß ich ihn nicht zu meiner Hochzeit eingeladen habe, hat er mir übelgenommen.
12. Mit ihm zusammenzutreffen, vermied ich peinlich.
13. Eine Urlaubsreise zu machen, kann ich mir in diesem Jahr nicht leisten.
14. Dazu Stellung zu nehmen, kann ich mir als Beamter nicht erlauben.
15. Zum Essen ein Gläschen Wein zu trinken, läßt er sich trotz seines hohen Alters nicht nehmen.
16. Ihm das gerade in diesem Augenblick zu sagen, habe ich nicht über mich gebracht.

Seite 36/37, Übung c)

17. Diese Maßnahmen gegenüber seiner vorgesetzten Dienststelle zu rechtfertigen, nahm er trotz gewisser Bedenken auf sich.
18. Ihm die Freude zu verderben, brachten wir nicht übers Herz.
19. Uns rechtzeitig auf diese Schwierigkeiten hinzuweisen, hat unser Mitarbeiter leider unterlassen.
20. Die Quellen zur Geschichte des Römischen Rechts zusammenzustellen, konnte nur ein Mann wie Mommsen unternehmen.
21. Euch wiederzusehen, kann ich kaum noch erwarten.
22. Daß immer mir alle Schuld in die Schuhe geschoben wird, kann ich nicht länger hinnehmen.
23. Mit diesem Menschen zusammenleben zu müssen, halte ich einfach nicht länger aus.
24. Daß Sie sich nun doch entschlossen haben, aus unserer Firma auszuscheiden, bedauern wir außerordentlich.
25. Daß wir ihn von diesem verhängnisvollen Schritt nicht haben abbringen können, beklagen wir sehr.
26. Den Antrag vor der Versammlung zu begründen, will Herr Müller übernehmen.
27. Die schon bestehenden Geschäftsverbindungen zu pflegen und neue anzuknüpfen, will sich der neue Direktor des Unternehmens (in besonderem Maße) angelegen sein lassen.
28. Daß ich noch vor 12 Uhr in Ihrem Büro bin, werde ich auf jeden Fall einzurichten versuchen.
29. Wegen jeder Kleinigkeit seine Genehmigung einholen zu müssen, bin ich einfach leid.
30. Die Maßnahmen anderer rechtfertigen zu müssen, bin ich endgültig satt.
31. Daß ich mir diesen teuren Apparat gekauft habe, bereue ich nicht.

VIII. Modalwörter, die Aussagen oder Fragen eine subjektive Färbung verleihen

Seite 39, Übung a)

1. Sie kommen doch heute abend?
2. Sie können mir doch (sicher) sagen, wann der nächste Zug nach München fährt?
3. Sie können mir doch (sicher) sagen, wo hier in der Nähe ein Hotel ist?
4. Sie sind doch mit meinem Vorschlag einverstanden?
5. Der Film hat Ihnen doch auch gefallen?
6. Ich darf doch noch eine Tasse Kaffee für Sie bestellen?
7. Es ist Ihnen doch recht, wenn ich Sie heute abend anrufe?
8. Sie wissen doch schon, daß Herr Müller geheiratet hat?
9. Sie begleiten mich doch noch ein Stück?
10. Sie besuchen uns doch mal in unserer neuen Wohnung?
11. Sie haben doch (sicher) unseren neuen Direktor schon gesehen?
12. Ich soll sie doch auch von Ihnen grüßen?
13. Sie haben doch ein Telefon?
14. Sie sind doch schon einmal in Galway gewesen?
15. Sie haben doch (sicher) die heutige Zeitung schon gelesen?

Seite 40, Übung b)

1. Haben Sie ihm das etwa schon gesagt?
   Sie haben ihm das doch nicht etwa schon gesagt?
2. Wollen Sie etwa allein ins Gebirge fahren?
   Sie wollen doch nicht etwa allein ins Gebirge fahren?
3. Haben Sie das etwa meiner Frau erzählt?
   Sie haben das doch nicht etwa meiner Frau erzählt?
4. Wollen Sie etwa schon wieder verreisen?
   Sie wollen doch nicht etwa schon wieder verreisen?
5. Wollen Sie mir dieses Blech etwa als Gold verkaufen?
   Sie wollen mir dieses Blech doch nicht etwa als Gold verkaufen?
6. Wollen Sie etwa schon nach Hause gehen?
   Sie wollen doch nicht etwa schon nach Hause gehen?
7. Wollen Sie sich etwa schon wieder einen neuen Anzug machen lassen?
   Sie wollen sich doch nicht etwa schon wieder einen neuen Anzug machen lassen?
8. Sind Sie etwa schon bei ihm gewesen?
   Sie sind doch nicht etwa schon bei ihm gewesen?
9. Haben Sie Ihren Paß etwa zu Hause gelassen?
   (Haben Sie etwa Ihren Paß zu Hause gelassen?)
   Sie haben Ihren Paß doch nicht etwa zu Hause gelassen?
   (Sie haben doch nicht etwa Ihren Paß zu Hause gelassen?)
10. Ist er etwa schon wieder betrunken?
    Er ist doch nicht etwa schon wieder betrunken?

Seite 40, Übung c)

1. Kennen Sie ihn etwa noch nicht?
2. Habe ich etwa nicht recht?
3. Haben Sie etwa noch nicht mit ihr darüber gesprochen?
4. Wollen Sie etwa nicht mehr länger hier bleiben?
5. Haben Sie etwa nichts gemerkt?
6. Ist Ihnen etwa niemand begegnet?
7. Gefällt Ihnen Ihr Zimmer etwa nicht?
8. Ist Ihnen das etwa nicht klar?
9. Machen Sie sich etwa keine Gedanken darüber?
10. Machen Sie etwa keine Fehler?

IX. Zur Temporalangabe

Seite 46, Übung a)

1. Herr Müller ist *vorgestern* abgereist.
2. *In der vorigen Woche (in der vergangenen Woche, in der letzten Woche)* waren zwei Feiertage.
3. Ich habe ihm *vorhin* schon Bescheid gesagt.
4. *Vor einem Jahr* hat er sein Studium abgeschlossen.
   (*Es ist jetzt genau ein Jahr her, daß* er sein Studium abgeschlossen hat.)
5. Wir haben diesen Film *neulich (kürzlich)* im Palast-Kino gesehen.
6. *Unlängst* bin ich in den Schwarzwald gefahren, um meine Schwester zu besuchen.
7. *In den vergangenen Jahrzehnten* sind erhebliche Schwierigkeiten aufgetreten.
8. Der Zug ist *gerade (eben)* abgefahren.
9. *In letzter Zeit* sind die Preise nochmals gestiegen.
10. Diese Dinge haben *einst (einstmals)* eine große Rolle gespielt.
11. *In alten Zeiten* hat man ganz anders gelebt als heute.
12. Diese Gebiete sind *vor noch nicht allzu langer Zeit (erst in jüngerer Zeit)* vom Wasser überflutet worden.
13. Wir haben doch auch *bisher (bislang)* freundschaftlich zusammengearbeitet.
14. *Bis heute* war der alte Fahrplan gültig.
15. *Bis jetzt* bin ich zu unvorsichtig gefahren.

Seite 46/47, Übung b)

1. *Tags darauf (am folgenden Tag, am Tag darauf, schon einen Tag später)* kam er zurück.
2. *Eine Woche später (eine Woche danach, in der darauffolgenden Woche)* fuhr ich an die See.
3. *Gleich darauf (einige Minuten später)* kam mein Freund.

4. *Kurz darauf (wenig später, einige Zeit später, einige Wochen danach)* fanden Wahlen statt.
5. Ich hatte erst *kurz zuvor (kurz vorher, einige Tage zuvor, einige Tage vorher)* mit ihm darüber gesprochen.
6. Das war schon *viele Jahre vorher (Jahre vorher)* diskutiert worden.
7. *Bald darauf (nicht lange danach)* wurde er zum Priester geweiht.
8. Ich habe mich *auch später noch* eingehend mit dieser Frage beschäftigt.
9. *Von da an (von dem Augenblick an)* gab es keine Schwierigkeiten mehr.
10. *Bis zu dem Tag* hatte er mir kein Wort davon gesagt.
11. *In der darauffolgenden Zeit (in der Folgezeit)* haben wir solche Fehler nicht mehr gemacht.
12. *Bis dahin* war alles gut verlaufen.
13. *Im vorhergehenden Monat (im Monat davor)* war das Geschäft aufgelöst worden.
14. *Zwei Tage später (zwei Tage darauf)* wurde ich operiert.
15. Der Zug war *soeben (einige Sekunden zuvor)* eingelaufen.
16. Wir hatten uns *zwei Tage zuvor (zwei Tage vorher)* verabredet.
17. *In den vorangegangenen Zeiten* hatte man solche Schwierigkeiten nicht gekannt.
18. Dieses Geschäft war erst *kurze Zeit zuvor (kurze Zeit vorher)* eröffnet worden.
19. *An dem Tag* ging mir alles schief.

XII. Können – kennen – erkennen – kennenlernen – wissen

Seite 56, Übung a)

1. erkannt
2. kennen
3. erkennen
4. kennenlernen
5. wissen
6. weiß
7. kennengelernt
8. kann
9. erkannten
10. können
11. kennen
12. können
13. erkannt
14. kenne
15. wissen
16. kenne; kann
17. können; kennen
18. können
19. kennen; wissen
20. weißt; weiß

Seite 56/57, Übung b)

21. können
22. erkennen
23. kennenzulernen
24. kenne; kenne
25. kenne; kennengelernt
26. erkennen
27. erkennt
28. kennt
29. kennenzulernen
30. wußte
31. erkannt
32. kenne
33. könnte
34. wissen; weiß
35. erkannt
36. kennen
37. wissen
38. wissen
39. kann
40. kann (weiß)

Seite 57, Übung c)

41. erkennen
42. weiß
43. können
44. kenne
45. weiß
46. kennen
47. weiß
48. kennt
49. kenne
50. weiß
51. kenne
52. wissen
53. kennenlernen
54. erkennen
55. weiß
56. erkennen
57. kennt
58. erkannte
59. kennengelernt
60. kann

XIII. Wortschatzerweiterung (Verben)

Seite 58, Übung a)

1. übte; an den
2. genießt (hat)
3. abgegeben; ergriffen
4. faßte
5. treibt
6. bereiten (machen)
7. ausüben
8. gab ... auf (hängte ... an den Nagel)
9. gemacht
10. begehen (machen)
11. widerlegen
12. stellte; auf
13. unterhält; zur
14. einhalten
15. verübt
16. hinterlassen
17. auf die; ausgeübt
18. ergreifen
19. unterlaufen
20. auf die; leisten

Seite 59, Übung b)

21. stattete ... ab
22. (ein)nehmen; aushalten
23. stellen
24. halten
25. unternehmen
26. machen
27. stellte ... auf
28. leistete
29. begangen
30. genommen
31. ausgestellt
32. aufgegeben; lösen
33. verwirklicht (in die Wirklichkeit umgesetzt)
34. hielt
35. (ab)geschlossen
36. treibt
37. stieß ... aus
38. stellen
39. vertreten
40. getroffen

Seite 59/60, Übung c)

41. angestellt
42. sprach ... aus
43. äußerte
44. ausstoßend
45. erteilt
46. verweigert
47. schmälern
48. erlitt
49. übernehmen
50. bringen
51. verbringen
52. ziehen
53. lassen
54. erreichen
55. erregte
56. ausgeführt
57. erfüllen
58. bekleidet
59. liefern
60. eingeliefert
61. füllen ... aus
62. einzureichen
63. gewährt
64. ziehen

Seite 60/61, Übung d)

65. heraufzusetzen (zu erhöhen)
66. ergriff; bot
67. bewältigen; einzustellen
68. wahrgenommen
69. aufzustellen; auszuführen
70. stellt
71. beimessen
72. lege; auf die
73. bestellen (ausrichten)
74. versetzen
75. spendete
76. ernten
77. abgeschlossen
78. abgeben
79. übertragen
80. erteilt
81. geben
82. verfolgen; einzuschränken
83. eröffnen
84. schreibe ... aus; einlösen

Seite 61, Übung e)

85. verschrieben
86. bereitete
87. gibt
88. steht
89. getreten
90. beitreten
91. treffen
92. einschlagen
93. mache
94. unterbreitete; entsprachen
95. gemacht
96. verliehen
97. betraut; zeigte
98. ergriff
99. führt
100. erlitten
101. anfertigen
102. aufzugeben
103. vereinbart
104. erzielt

(Die Lösungsvorschläge für die Übungen von Seite 58 bis Seite 61 entsprechen im wesentlichen dem Stil in deutschen Zeitungen.)